話し下手でも大丈夫!

教師の
うまい話し方

山中伸之 著

JN011318

学陽書房

はじめに

この本を手に取ってくださった先生は、ご自身のことを「話し下手」だと思っておられることかと思います。教師という仕事は、押し黙っていてもできるものではありませんから、きっと「話すこと」それ自体はみなさんされているでしょう。むしろ、周りの先生たちからはおしゃべりでよく口が回る方だと思われている方もいるかも知れません。それなのに、自分では「話し下手だ」と思っている。そう思うようになったきっかけは、いったいなんだったのでしょうか。

例えば、子どもを集中させたいとき。言うことを聞かせようと声を張り上げても、全くこっちを見ない。あるいは、揚げ足を取るようにして笑ったり、突っ込んだりして、話がなかなか進まない。手いたずらをしている子どもも多い。

あるいは、子どもを叱るとき。いかにその子どものやったことが危険なことか、友達を傷つける行為だったか。真剣に話しているのに、子どもはぼんやりしている。苦笑いをしている。全く心に届いていない。

または、子どもに信頼されたいとき。困っている子どもの力になってあげたいのに、心を開いてもらえない。どんなにコミュニケーションを取っても、相談してくれない。保護者にも、信用できない先生だと思われてしまっている。

こんなことがあったのではないでしょうか。そして、自分の言葉や話に自信がもてなくなってしまい、子どもたちの前でますます話せなくなっているのではないでしょうか。

しかし、こうした悩みごとは、どんなに完璧に見えるベテランの先生でも、一度は経験していることです。話し上手に見える先生も、こうした傷をいくつも抱えています。みなさんだけではありません。

その上で、みなさんにはこうした問題の原因と自分の話し方を結びつけて考える力があったということです。これは素晴らしいことです。なかなか気づけるものではありません。それだけで、みなさんは「うまい話をする先生」になれる素質が十二分にあります。

では、「うまい話し方」とはいったいなんなのか。私はそれを、「授業の前後やちょっとしたすきま時間で、先生自身のことが伝わる「先生のお話」ができること」と考えます。

私が中学生だった頃の社会科の先生で、よくご自分が体験した戦争の話をしてくださる先生がいらっしゃいました。授業がどんな内容だったかはもう覚えていませんが、語っている先生のしぐさや話の中の空中戦の様子は今でも目に浮かびます。

みなさんにもこのように、以前、誰かから聞いたエピソードで今でも覚えているものが、いくつかあるのではないでしょうか。エピソード（先生のお話）を語ることには、いくつかの効果があると私は考えています。例えば、エピソードを話してくれる先生に、私たちは何となく親近感を覚えます。また、エピソードは長く記憶していることができます。

そう考えると、「先生のお話」は、教育の場で、学習指導や生活指導、道徳指導に役立つことが多いのです。教室で「先生のお話」を活用しないのはもったいないと言えます。

しかし、授業や連絡や雑談はできるけれども、改まってお話をするとなると、難しいのではないかと尻込みしてしまう先生も多いでしょう。

そこで本書では、どのように「先生のお話」をするとよいのかを、私の経験を踏まえて、細かい手順で具体的に解説しました。左記のようなものです。

・自分のふだんの体験から、エピソードのネタを拾い上げる方法
・拾い上げたネタを、1つの語りの形にする具体的な手順
・実際に子どもたちに語るときのちょっとした、しかし効果的なポイント

本書を読んで、本書の手順に従って実践をすれば、「子どもたちの前で語るのは苦手だ」と感じている先生方も、自信をもってお話をすることができるようになります。

先生方が自信をもってお話をすることができるようになれば、子どもたちは先生への親近感を高めます。そして、学習指導や生活指導、道徳指導の効果も高まるでしょう。語ることによって先生自身も自信がもて、そのことがさらに子どもたちとの信頼関係を高めていきます。そうしてよりよい学級になっていくでしょう。

「先生のお話」をする先には、子どもたちと先生の笑顔とよりよい学級があります。よりよい学級づくりのために、ぜひ「先生のお話」の力を身に付けてみてください。

令和5年4月

山中伸之

1章

話すのが苦手な先生に伝えたい「お話」のメリット

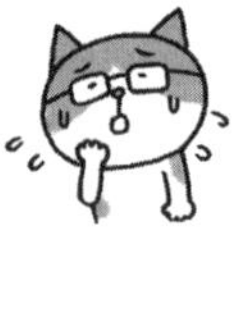

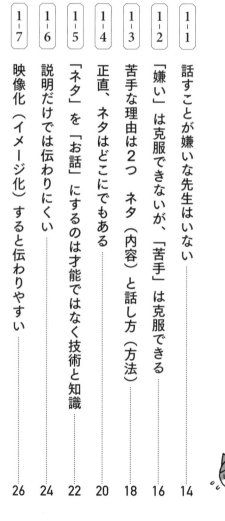

2章

では、どんなときに何を目指して「話す」べき？

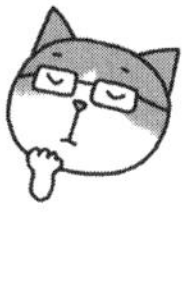

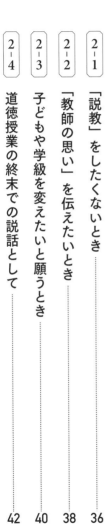

3章

話し方がうまくなる技術　基礎編

4章 話し方がうまくなる技術　実践編

5章 すぐ使える！ 目的別エピソード集

1章

話すのが
苦手な先生に伝えたい
「お話」のメリット

1-1

話すことが嫌いな先生はいない

「苦手＝嫌い」ではありません

私の40年以上にわたる教師経験から、話すことが嫌いな先生はほとんどいません。「話すことが大好きだ」という先生の方がむしろ多いです。こんなことを言うと、「いや、そんなことはない。私はむしろ話すことが嫌いです」とおっしゃる方がいるかもしれません。しかしその場合、「話すことが嫌い」なのではなく「話すことが苦手だ」ということがほとんどなのではないでしょうか。話すことへの苦手意識から、話すことが嫌いだと思い込んでいるのです。

苦手と嫌いは違います。よほどのことがないと、嫌いなものを好きになることはありませんが、**苦手なことを得意にすることはできます。方法を知って練習をすればいい**のです。

話すことが好きになっていい

「私は子どもたちに話すことが好きだ」。こう自信をもって言いましょう。言っていいのです。話すことが苦手だと思っていても、話すことが好きだと言っていい、好きか嫌いかは自分で決めていいのです。他人がどう思おうと、好きなものは好きだからです。「好きこそものの上手なれ」です。真実です。好きになればなるほど、その技能は向上します。

まず、**「自分は話すことが嫌いではない」と思いましょう。**できれば「自分は『実は』『本当は』話すことが好きだ」と思えれば、「やる気スイッチ」と「能力向上スイッチ」がオンになります。そうなればしめたものです。練習を積んで、どんどん話すのがうまくなります。そうすれば、成功体験が増えてますます話すことが好きになります。

やってみよう！

精神論ではなく、科学的な論拠もある方法なので、ことあるごとに思ってみよう。

1-2

「嫌い」は克服できないが、「苦手」は克服できる

好き嫌いは生理的なもの

「このデザインは生理的に無理」、「長くてクネクネする生き物は生理的に受け付けない」。よくこんな言葉を聞きます。この場合の「生理的に」とは、「理屈ではなく本能的に」というニュアンスを含んだ表現です。理性でコントロールすることが難しいという感じです。

好き嫌いも、いわば生理的なものです。突き詰めればその原因を特定できるかもしれませんが、**だいたいその原因は後付け**が多く、好きか嫌いかがまず先にあって、後から「あらためて考えてみれば、これが理由かな」という具合に、その理由を付け足しています。

いずれにしても、いちど「嫌いだ」と思ったり感じたりしたものを「好き」に変えるのは簡単なことではありません。

どうしても苦手なときの発想転換法もある！

苦手は技術で克服できる

これに対し、「苦手」は克服できます。この場合は、生理的に苦手ということではなく、それをうまく行えないので尻込みしてしまう、という意味の苦手です。**話すことが苦手という場合は、上手に話すことができないので、そのために話すことに尻込みしてしまうということでしょう。このような苦手は「技術」を身に付ければ克服することができます。**

話すことが苦手ならば、話す「技術」を身に付ければよいということになります。その技術にも、プロの講演家のような高度なものから、それほどでもないものまでいろいろとあります。教室で子どもたちに話すには、高度な技術は必要ありません。誰にでも身に付けられる技術で十分です。

やってみよう！

「苦手なままでも、技術を身に付ければいいんだ」とマインドセットをしよう。

1-3

苦手な理由は2つ ネタ（内容）と話し方（方法）

どんなことを話したらいいかわからない

話すことが苦手な人の最大の悩みは、何を話したらいいのかわからない、話すべき話のネタを持ち合わせていないことです。確かに目の前の子どもたちの現状を見て、関連する話をするのは簡単ではないでしょう。しかしこれも技術で克服が可能です。ネタの探し方はこの後述べますが、日常の出来事を話のネタにできます。例えば、みなさんも時に失敗があるでしょう。その失敗こそ、ネタの最たるものです。**失敗はほぼ全てネタ**になります。

その他も、感動、ギャップ、意外な展開、程度が極端など、毎日生活をしていれば結構目にするエピソード場面が出てくるはずです。これらをいつも探そうと心がけていると、カラーバス効果（次項）が働いて、ネタの方から飛び込んでくるようになります。

話し方が難しい

また、話し方に自信がもてず、うまく話せなかったら嫌だ、失敗したらどうしようと考えてしまう人もいるでしょう。しかし大丈夫です。私たちは話をすることの多い仕事ですが、プロの講演家や落語家のように話す技術は必要ありません。自信がもてないという人は、目指す目標が高すぎるのではないでしょうか。

私たちはあくまで普通に話せばよいのです。普通に話すところに、やってみればだいたいはできるという程度の技術を付け加えるだけで、エピソードの魅力がグッと上がります。それに、何といっても**話を聞くことが大好きな子どもたち**です。少しくらい失敗してもそれを指摘するようなことはありません。いつも温かい気持ちで聞いてくれます。

やってみよう！

「あのとき、子どもに話したけれど失敗したな」の原因は「ネタ」か「話し方」かを振り返ってみよう。

1-4

正直、ネタはどこにでもある

カラーバス効果

前項で述べたカラーバス効果について、念のために簡単に説明をしておきましょう。

新しい車を手に入れたとします。その車に乗ってうきうきドライブに出かけました。すると不思議なことに、自分の車と同じ車種や色の車がたくさん走っていると気づきます。「あれ？　私の車って結構たくさん走ってるんだな」と思うでしょう。これは、自分の車の車種や色の情報を意識していることで、**共通性のある情報が無意識に集まってくる**ために起こります。これがカラーバス効果です。カラー＝色を、バス＝浴びるということです。

カラーバス効果で、ネタも集まります。前項の「失敗」「感動」「ギャップ」「意外」「極端」というキーワードで周りを見ると、お話のネタが自然と集まるのです。

例えば、何でもない私の1日からネタを探してみましょう。

・朝、車のキーとゴミの入った小さい袋をもって出て、外に置いてあるゴミ袋に入れようとしたところ、どの指で何をもっているかわからなくなり、車のキーを捨ててしまった。
・出勤途中、車で道路を走っていたら、隣の車線からワゴン車が、猛スピードで私の車のすぐ前に車線変更をしてきて走り去った。
・久々に子どもたちが全員出席だった。
・職員室の黒板に「可能な方は16時に職員室にお集まりください」と書いてあったので、その時刻に職員室に行ったら、集まるのは翌日のことだった。

みなさんの生活にもたくさん起こっているでしょう。これらがネタになるのです。

やってみよう！

「つまらないかも?」と思うものでも、今日起きたことをまずは書き出してみよう。

1-5

「ネタ」を「お話」にするのは才能ではなく技術と知識

ネタをそのまま話すことはできない

ネタはどこにでもある、ネタを探せばカラーバス効果で自然と集まる、と前項で述べました。まだみなさんは半信半疑でしょうが、これでとりあえず、ネタは手に入ると考えていただけたとします。しかし、これで不安や疑問がなくなったわけではないでしょう。ネタはあくまでネタであって、ネタをそのまま話しても一瞬で終わってしまうからです。

例えば「今日の朝、車のキーとゴミの入った小さい袋をもって出て、外に置いてあるゴミ袋に入れようとしたら、車のキーを捨ててしまった」と話したとします。これはこれで薄い笑いをとれますが、それで終わりです。子どもたちに話す内容としては短すぎます。

ネタはあってもどう話すのか、どう生かすかわからないと、苦手意識はなくなりません。

技術と知識でカバーできる

しかし、心配はご無用です。**ネタは、技術と知識で「お話」にできる**からです。天性の才能とかセンスとかというような、学んでも身に付けにくいものは必要ありません。

それに、私たちはプロの講演家や落語家のような技術を身に付ける必要はありません。

どのようにしてネタを「お話」にするかについては、2章で詳しく説明していますが、**ポイントは臨場感をもたせることと、詳しくすること**です。この2つのポイントを実行していくと、自然と話がある程度の長さになっていきます。ネタはいわばその話の中心部分ですので、ネタをふくらませていくようなイメージです。

やってみよう！

1-4で書き出した、一番よいメモに、その時の状況や詳しいポイントを補足してみよう。

1-6

説明だけでは伝わりにくい

教師の仕事は「伝達」

私たち教師は、指導内容を子どもたちに伝えることが大きな仕事です。「伝達」が仕事というわけです。そのため、いかに効果的、効率的に伝えるかをいろいろと考えます。例えば、子どもたちが聴覚優位か視覚優位かによって、伝える方法を工夫します。もっとも、実際には二者択一の必要はないので、どちらも用いればより効果的でしょう。

ところが、現実はどうでしょうか。伝える方法を工夫する姿勢はもちながら、教師が子どもたちに指導内容や生活情報を伝える場合に多く用いるのは、話して聞かせる方法です。**話して聞かせる方法は、特別な道具が要らず、いつでもどこでも使える**からです。

しかし、これでは十分に伝わらないことが多いのも事実です。私たちが日常的に子どもたちに「話している人の方を見て」「顔を上げて」「耳を傾けて」などと声をかけるのは、**子どもたちが、聞くことをあまり得意としていないから**です。

説明だけでは伝わりにくい

説明を中心とした話は子どもたちの関心も低く、聞こうとする意欲も高まりません。その結果、なかなか伝わらないのです。これは、説明にはストーリーがなく、描写によるイメージの喚起も少ないということが理由の1つです。

反対に、昔話や物語には関心を示します。昔話や物語には、子どもたちの関心をひくストーリーがあり、描写によって場面をイメージすることができるからです。言うなれば、話していることがわかりやすく、伝わりやすいということです。

やってみよう!

自分の学級の子どもたちがどのくらいじっと聞いていられるか、確認してみよう。

1-7

映像化（イメージ化）すると伝わりやすい

絵や図で説明するとわかりやすい

1枚の絵や図の内容を言葉だけで伝えるのは難しいものです。試しに、何でもいいので写真を1枚用意し、その写真の内容を相手に伝えてみてください。例えばそこに写っている人物を相手が知っていれば「○○さんが写っています」と言えば伝わります。しかし相手が知らない場合は、男性か女性か、子どもか大人か、どんな服装をしているか、どんな姿勢や動きをしているか、眼鏡の有無や顔の表情など、かなり説明が必要です。しかもそれで相手に十分に伝わるかといえば、必ずしもそうとは限らないでしょう。

ところが、写真を見せれば一瞬で伝わります。百万言を費やすよりも1枚の写真の方がよりよく伝わるのです。**目で見てわかる方が、何かを伝えるとき伝わりやすい**といえます。

子どもが理解するためには「イメージ」が一番！

言葉で映像化する

前項で、昔話や物語は子どもたちにわかりやすく伝わりやすいと書きました。それは写真と同じような効果があるからです。相手がよく知っているものを伝えると、相手の頭の中にある程度の映像を作れるのです。例えば「昼休みに教室で、何人かの子どもたちが折り紙をしている」と伝えます。この中で「昼休み」「教室」「子ども」「折り紙」は子どもたちがよく知っていて、普段から見ているものなので、その光景を比較的はっきりと描くことができます。

エピソードを話すことは、昔話や物語を話すことと同じです。子どもたちの中に、映像を描かせることができます。そうすることで、話の内容が伝わりやすくなります。

やってみよう！

エピソードを話すことが難しければ、まず先生が好きな物語を要約して話してみよう。

1-8 記憶に残りやすい＝思い出しやすい

子どもたちの心に残ってほしい

教室では毎日、楽しいことや望ましいことも起きますが、困ったことや対処が必要なことも起きます。例えば毎日何人も忘れ物をする、休み時間の鬼ごっこで相手を叩く、委員会の仕事を忘れて遊ぶ、などです。こんな場合、教師は子どもたちを注意したり叱ったり、教えたり諭したりします。望ましくない行いを、今後しないでほしいからです。

子どもたちが、望ましくない行いを控えるようになるためには、注意したり諭したりしたことが子どもたちの記憶に残り、**次に同じような状況になったときに、そのことを思い出して自分で自分の行動を抑制することができるようにならなければなりません。**教師の伝えたことがらが、なるべく子どもたちの心に残る（記憶に残る）必要があるわけです。

エピソード＝お話は記憶に残りやすい

「エピソード記憶」とは、個人が体験した出来事の記憶です。例えば、どこかに旅行したとして、誰と行ったか、どんなものを見たか、そのときどのような気持ちだったかなどの記憶です。エピソード記憶は、いちど覚えるとなかなか忘れないという特徴があります。

私たち教師は、子どもたちに、望ましくない行いを控えてほしいと願っています。そのために、必要なことや大切なことを伝えるわけですが、**伝えたことが子どもたちの記憶に残っていなければ、伝えた意味はあまりありません。**子どもたちに覚えておいてもらうには、出来事にして話した方が効果があります。出来事は、記憶されやすいからです。

子どもたちにエピソードを話す利点の1つが、この記憶されやすさにあります。

やってみよう！

以前話した「お話」を子どもたちが覚えているか、いくつか確認してみよう。

1-9

聞いていて楽しい

昔話を何度もせがまれる

私は、自分の子どもの頃のエピソードを、教室で子どもたちによく話しました。子どもたちも私の話を楽しみにしてくれました。しかし、話して聞かせられるエピソードがたくさんあるわけではありません。それでも子どもたちは、私の話を聞きたがります。

ちょっと驚いたのは、**同じ話でも構わないから話してほしいと言う**のです。時には「前に話してくれた○○の話をもういちどしてほしい」と言います。「同じ話でもいいの？」と訊くと、「おもしろいからいい」と言います。

子どもたちは、お話を聞くのが好きです。おもしろい話なら、たとえそれが以前に聞いたことのある話でも、何度でも聞きたいのです。

「先生の話」は子どもにポジティブな感情を生む！

話を聞くことは楽しみの1つ

現代のように、ネットを通じて自由自在に情報を得ることのできなかった時代、子どもたちの楽しみの1つは、おじいさんやおばあさんから昔話を聞くことでした。私も祖父や祖母から、地元に残る不思議な話や、祖父や祖母が小さかった頃の話を聞くことが楽しみでした。話を聞くことが娯楽の1つだったのです。

現代でも、落語や講談の根強いファンはいますし、ラジオを聞くことが楽しみの1つだという人もたくさんいます。NHKの学校向けのサイト『NHK for school』にも、『お話でてこい』などの番組があり、楽しい話を聞くことができます。

先生のお話も、子どもたちにとっては楽しみの1つなのです。

> **やってみよう！**
>
> **教師のエピソードだけでなく、サイトやラジオを使ってさまざまな「聞く」体験をさせよう。**

1-10

話していて先生自身も楽しい

先生自身のためにも日常的に「話す」ことは大切

カタルシス効果

何か悩みを抱えているとき、悩みを誰かに聞いてもらって、つらかったことや嫌だった出来事を充分に表現すると、悩みがスッキリして心が軽くなりませんか。また、感動的な映画や音楽を鑑賞したり、素晴らしい風景を見たりするときに、思わず涙があふれてしまうほど心が揺さぶられませんか。これらは、「カタルシス効果」という「心の浄化」です。

実は、子どもたちにエピソードを話しているときも、カタルシスが起こります。エピソードは、最終的には子どもたちに何か有用な情報を伝える目的があります。その内容は子どもに有用なだけでなく、大人にも自分にも有用なことがほとんどです。そのようなエピソードを臨場感をもって話すと、**自分の心もある意味「浄化」されすっきりする**のです。

自分の話を最初に聞くのは自分

また、**「自分の話を最初に聞く人間は自分」**です。エピソードは子どもたちに向かって話されるわけですが、話し手である先生自身も、自分の話すエピソードを聞くことになります。エピソードを話しながら、エピソードを聞くわけです。

子どもたちが、先生の話すエピソードを楽しんで聞くように、話している先生自身も自分の話すエピソードを楽しんで聞くのです。そんなことがあるのか？と思うかもしれませんが、これは実際に体験してみるとわかります。

子どもたちにエピソードを話すことは、話すことによって心の浄化ともいえる楽しさを体験し、また自分の「お話」を聞くことで、話を聞く楽しさも体験できるのです。

やってみよう！

気の置けない友人や家族と話すときの自分の気持ちを観察してみよう。

Column 1

「お話」で保護者と繋がれる

　個人面談でのことです。ある子の母親と話をしていると、「先生のお話」の話題になりました。

「先生、うちの子は先生がいろんな話をしてくれることを、とても喜んでいるんですよ」

「そうですか。それはうれしいですね」

「この前は、赤ちゃんが乗っていた自転車が倒れたけれども、ヘルメットをかぶっていたから助かったという話をしていました」

「へ〜、よく覚えているものですね」

「先生、それが、うちの子は、先生が学校で話をしてくれた日は、家でも必ず同じ話をするんです」

「え〜、そうなんですか？」

「はい。それも、先生がここはこんなふうに話したとか、こんな顔をしていたとか、こんなふうに動いていたとかを細かく説明してくれるんですよ」

「それは、ちょっと恥ずかしいですね」

「いいえ、そんなことないです。子どもがそうやって詳しく説明をしながら話してくれるものですから、私も先生の話を聞いているような感じになって、とても楽しみにしているんです」

「そうですか。それはありがとうございます」

　担任が話したことを、子どもたちが家に帰ってから保護者に話して聞かせることはよくあることです。「先生のお話」も子どもたちを介して、保護者に伝わっていきます。思わぬところで、共通の話題になったりして驚くことがあります。

2章

では、どんなときに何を目指して「話す」べき？

2-1

「説教」をしたくないとき

教師の話の内訳は？

私たち教師は、毎日子どもたちに様々なことを話して聞かせています。例えば、**❶各種の連絡、❷学習内容の伝達・説明・解説・指示・発問、❸注意・小言・説教・叱責、❹原理・原則・道徳、❺雑談**、のようなものが思いつきます。分け方はいろいろあるでしょうが、だいたいはこれらのうちのどこかに分類されるでしょう。

これらの中で最も多いのは、当然❷の学習内容に関わることです。学校は授業が中心だからです。

では、その次に多いのは何でしょうか。意外に**「注意・小言・説教・叱責」**が多いのではないかと思います。

子どもの起こすトラブル指導にもエピソードが効く

お説教や叱責の代わりにエピソードを話してみる

子どもたちは毎日のようにトラブルを起こし、それらのトラブルに教師は毎日のように何らかの指導を加えます。だから、「注意・小言・説教・叱責」はどうしても多くなります。しかし、注意や小言や説教や叱責は、する方もされる方も嬉しくありません。

そこで、「お話」の出番です。注意や説教や叱責の代わりに、**子どもたちが起こしたトラブルに関するエピソードを話して、子どもたちの注意を喚起**するのです。

この方法ならば、説教や叱責の言葉をかけずに済むので、心が晴れずもやもやするということもありません。また、1－10に述べたように、エピソードを話すことにはある主のカタルシス効果がありますから、不思議と心も晴れやかになってきます。

やってみよう！

いつもは叱る場面を、「お話」に変えて伝えてみよう。

2-2

「教師の思い」を伝えたいとき

メリットは、子どもが
「聞ける」「楽しい」「怖くない」だけじゃない！

エピソードは素直に聞くことができる

エピソードを話すと教師の思いが伝わりやすくなります。なぜかというと、1－8にも述べたように、エピソードは聞く人の記憶に残りやすいという性質があるからです。

加えて、エピソードを聞く側の子どもたちからすると、**エピソードを聞くことは楽しみの1つですから、素直な気持ちで聞く**ことができます。たとえ、話の目的がトラブルに対する指導だったとしても、直接、注意や叱責の言葉を話されるよりも、エピソードとして話される方が、心を開いて聞くことができるでしょう。

エピソードは子どもたちに受け入れられやすく、記憶に残りやすいものです。エピソードに乗せて教師の思いを伝えれば、教師の思いが子どもたちに伝わりやすくなります。

例えば子どもが仕事をさぼったとき

例えば、昼休みの委員会の仕事を何度もさぼる子がいます。その子を指導するため、通常はその子と話します。まずさぼったことが事実か確認し、次にどうしてさぼったか理由を訊きます。理由が妥当でないなら指導を加えます。この場合、教師が伝えたいことはいくつかあるでしょう。**教師の教育観や人生観によって**、自分がやるべき仕事を誠実にやることは、協力して生活をしていく上では大切だということかもしれませんし、面倒だからさぼってしまおうという弱い自分の心に克つことの大切さかもしれません。

それらを、直接的な言葉にして伝えることもできますが、これをあるエピソードを交えて、エピソードの内容に乗せて伝えた方が、子どもたちは素直に聞けるのです。

やってみよう！

子どもが素直に話を聞いてくれるのはどんなときか、観察してみよう。

2-3

子どもや学級を変えたいと願うとき

すぐに効果が出ることを期待し過ぎると本末転倒！

学級経営は積み重ね

よい学級をつくるには、ある程度の時間が必要です。**私の経験では、子どもたちに変化や手応えを感じられるまで、半年くらいかかります**。以前は3か月くらいで変化が見られましたが、最近は子どもたちの生活も考え方も多様になり、なかなか変わっていきません。

子どもたちに変化を起こし、よい学級をつくっていくためには、教師のたゆまぬ働きかけが必要不可欠です。森信三先生の言葉に「教育とは流水に文字を書くような果ない業である。だがそれを巌壁に刻むような真剣さで取り組まねばならぬ」とありますが、**何度も何度も真剣に繰り返すことが、教育には必要**です。繰り返すことで、教師の思いが子どもたちの心に刻みこまれていきます。そのための時間がどうしても必要だということです。

変化のある繰り返し

よい学級をつくっていくために、繰り返し子どもたちに伝えることは必須ですが、毎度同じ言葉を繰り返すだけでは子どもたちも飽きてしまいます。

繰り返しにより刻まれる効果も確かにありますが、集中も関心も大人に比べて散漫になりがちな子どもたちに対しては、伝える内容や方法にも多少の変化がほしいところです。

その点、時にはエピソードを交えて、エピソードに乗せて伝えることで、伝え方に変化をもたせることができます。**エピソードを話すことで、教師の思いを印象的に何度も繰り返して伝えることができる**わけです。このことが子どもたちを変え、学級を変えていきます。

やってみよう！

3か月、半年、1年単位などで記録を付けて、先生の話と学級の成長を観察しよう。

2-4

道徳授業の終末での説話として

道徳の授業の終末で使う

学校でも教室でも、情報の伝達の多くは話し言葉によっていますので、お話が活用できる場面もいろいろと考えられます。ここからは5つの活用場面を紹介します。

最初の活動場面は、**道徳の授業**です。道徳の指導過程は一般に「導入－展開（前段・後段）－終末」ですが、終末では展開の段階で追究した道徳的価値に対して、自分の思いや考えをまとめたり、道徳的価値を実現することのよさや難しさなどを確認したりして、今後の発展につなげるような活動をします。子どもたちに授業を振り返って心に残ったことを書かせたり、関連する映像を見せたりしますが、先生自身の体験を語ることもあります。

これを**「教師の説話」**と言い、お話の手法が使えます。

導入としても使える

さらに、道徳の授業では導入として使うこともできます。

導入では一般に、子どもたちの興味関心を高めたり、「自分事」として考えるための動機付けをしたりします。エピソードを話すことで、主題に関わる、子どもたちの興味関心を高めることができるでしょう。

ところで、道徳の授業の中でお話を活用する際に、気をつけておきたいことが1つだけあります。それは、なるべく短く話すということです。

エピソードを話すと意外に長くなってしまいがちです。道徳の授業では時間が足りなくなることもしばしばありますので、時間の配分には気をつけて話したいものです。

やってみよう!

道徳の終末で使えるネタがないか1－4で書き出した内容から選んでみよう。

2-5 再現構成法で行う道徳授業として

再現構成法とは

道徳の授業のやり方の1つに「再現構成法」という手法があります。例えば『泣いた赤おに』（光村図書）を教材として、再現構成法で授業をすると、次のようになります。

1　赤鬼が「ココロノヤサシイオニノウチデス…」という立て札を立てる場面まで、読んだりお話をしたりします。そして、その先は読ませずに発問をします（どこまで読むか、どのような発問をするかは授業者の計画によります）。

「立て札を立てたときの赤鬼の気持ちはどうだったと思いますか？」

2　村人が信用せず、だまして食べるつもりだと噂をする場面まで進めます。

「村人にだまして食べるつもりだと言われ、赤鬼はどんな気持ちだったでしょ

「語り」をマスターすればあまり準備せず道徳授業もできる！

う？」

3　村人の家で暴れる青鬼を、赤鬼がなぐって退治する場面まで進めます。
「青鬼をなぐっているとき、赤鬼はどんなことを考えていたと思いますか？」
4　青鬼の手紙を読んで、赤鬼が泣く場面まで進めます。
「赤鬼はどうして泣いたのでしょうか？」

お話による再現構成法では、**エピソードを少しずつ話しながら、その都度発問をして授業を進めていきます**。どこまで進めるか、どのような発問にするかは、話し手である先生が自由自在に行うことができます。場合によっては、子どもたちの反応を見ながら、予定とは異なる場面で切ったり、異なる発問をしたりすることもできます。

やってみよう！

道徳教材から、本書で学ぶ話しのテクニックを活かせるものを探してみよう。

2-6

道徳科の授業以外の道徳教育として

教育課程外で行う道徳教育に

道徳教育は部活動や給食の時間の指導、朝の会や帰りの会、休み時間中の指導など、教育課程外の活動でも行われなければなりません。

そして、意外に多いのが、**休み時間や隙間時間の指導**です。例えば、休み時間に友達に悪口を言ってしまい喧嘩になったとか、昼休みに委員会の仕事があったのにさぼって遊びに行ったとか、その時その場で指導をしなければならないことは日常茶飯事です。それらについての指導が授業開始時刻になっても終わらず、授業時間にまで続くこともあります。

このような、教育課程外の活動に関わる道徳教育において、お話は大変有効です。学級全体への指導を行う場合、単に不適切な言動を戒め、適切な言動を勧めるよりも、子ども

たちの心にグッとくるエピソードと一緒に伝えた方が、心に残るからです。

隙間時間で心を育てる

お話による道徳教育は、何か不適切な言動があった場合に限るわけではありません。**先生が伝えたい内容を伝えたいタイミングで伝える**ことができます。むしろそのような活用法が本来の活用法でしょう。

学校での1日の活動の中で、5分~10分の時間が空いてしまうことがあります。それらの時間のことを隙間時間と言ったりしますが、隙間と呼んではもったいない時間です。このような時間ができたら、すかさずお話です。それによって、子どもたちも喜び、先生も自分の思いを伝えることができます。

やってみよう！

隙間ができたら、エピソードを話してみよう。

2-7

子どもたちを楽しませる道具として

子どもたちはお話を楽しみにしている

お話は子どもたちを楽しませる道具として活用できます。先にも述べましたが、子どもたちは先生のお話を聞くのが好きです。学校には学校なりの楽しみがありますが、娯楽と呼べるようなものはそう多くはありません。その中で子どもたちが楽しみにしている**先生のお話は、子どもたちにとって貴重な娯楽の1つ**です。お話が上手な先生、お話をよくしてくれる先生は、子どもたちにとっても人気にある先生に違いありません。

このような理由で、お話は子どもたちを楽しませる道具として活躍してくれるでしょう。ちょっとした時間があるとき、例えば朝の会や帰りの会、授業の予定が少しだけ早く終わったときなど、子どもたちをお話で楽しませることができます。

「自分語り」は子どもと繋がるためにも大切！

先生自身を話す機会に

学級の子どもたちとの間に信頼関係を形成することが、学級経営を成功させる1つの条件になります。**信頼関係を築くには、自己開示が効果的**だといわれます。**自分のことを隠さずに正直に相手に伝えることで、相手も心を開いてくれる**のです。

とはいえ、昨今の教育現場はあまりにも忙しく、先生が自分自身について子どもたちに話す機会があまりありません。ほとんど話さない先生も多いでしょう。

だからこそ、お話で自分の小さい頃の失敗談や武勇伝をおもしろおかしく話しながら、子どもたちに先生の思いを伝えられたら、子どもたちとの距離がぐっと縮まって信頼感も増すこと請け合いです。学級経営にお話をぜひ生かしましょう。

やってみよう！

先生自身を話すネタを準備して、
その機会を作ってみよう。

2-8

叱る指導の1つの方法として

感情的にならずに叱る

最近は、叱るよりもほめる、ほめるより認めるが大事と言われるようになりました。学校でも「ほめて育てる」という言葉が、合い言葉のように言われます。しかし、叱ることの良し悪しは置いておいても、**教師として子どもを一度も叱ることなく過ごすことは不可能でしょう。**どうしても、不適切な言動を叱らなければならない場合があります。

そもそも叱ることに消極的になるのは、叱られた子どもたちが反省して、自分の言動を改めようとする前に、叱られたことによって落ち込み、不適切な言動の改善が見られなかったり、教師不信になったり不登校になったりしてしまうためです。これは、叱り方に難があります。子どもたちの人格を否定したり、大きな恐怖心を抱かせたり、前向きになれない叱り方です。

叱る場面も、エピソードでメッセージを強く残せる！

適切な言動を促すエピソードも使える

そこで、お話が役に立ちます。不適切な言動を戒めるようなエピソードを通して、不適切な言動を改善することを促すのです。単に不適切な言動を戒める言葉を発するよりも、**エピソードを話すことによって冷静になれるので、感情的になりすぎたり、子どもたちの人格を否定するような叱り方をしたりすることを避けることができます。**

子どもたちの不適切な言動を叱る際のエピソードは、先生自身が不適切な言動をしたために叱られたことや失敗したことがネタになっているものがよいと思うかもしれませんが、必ずしもそういうわけではありません。むしろ、反対に適切な言動を促すような、先生のよいエピソードの方が、有効に活用できることが多いのです。

やってみよう！

叱りたい場面で、グッとこらえて、「話す」をしてみよう。

Column 2

「お話を聞きたい」を見極める

ある日、私は学級の子どもたちに『エルトゥールル号遭難事件』のエピソードを話してあげようと、意気揚々として教室に向かいました。

ところが、どうしたわけかその日は、いつになく子どもたちがざわついています。普段ならば、私が教卓の前に立つだけで、姿勢を正して静かになるのですが、この日ばかりは隣同士でおしゃべりをしたりしています。

それでも、『エルトゥールル号遭難事件』のエピソードを話したかった私は、子どもたちの反応を無視して話し始めました。

このエピソードはかなりスケールが大きくて、状況を説明するのに時間もかかります。それなのに、子どもたちの様子を見ると、どこか上の空で落ち着きがありません。こちらは真剣に語っているのですが、子どもたちの耳に届いていないように感じられました。

そんなことを思っているうちに、私はだんだんと苛立ってきました。そしてついに、

「ちゃんと話を聞きなさい！　みんなに教えようとして真剣に話しているんだから！」

と子どもたちを叱ってしまう始末。

こうなってしまっては、お話も何もありません。雰囲気は最悪です。お話の時間が、一瞬にしてお説教の時間になってしまいました。子どもたちに伝えたいと思っていても、「子どもたちが話を聞くような状況になっていないときには、話さないほうがよい」ということを学んだ出来事でした。

3章

話し方がうまくなる技術基礎編

3-1

日常のありふれた場面をネタにしよう

ネタは特別なものと考えない

話のネタというのは何か特別なもの、と思っていませんか？　何か、プロの芸人さんがする、専門的で特別な才能やすごい努力が必要だというイメージがありませんか？

教室で子どもたちに話すエピソードのネタは、プロの芸人さんたちのネタのような特別なものではありません。１－４で紹介した、どこにでもある日常のありふれた出来事でいいのです。もちろん、誰もが興味をひかれるような特別なネタならば申し分ありません（もっとも、あまりにすごいネタはかえって使いにくいこともあります）。しかし、そこまででなくても、**ちょっと心が動いた、アレ？と思った、という程度のネタで十分**です。

ネタ帳をつくる

日常のありふれた場面はネタにできますが、あまりにありふれた場面だと、後で思い出そうとしても思い出せないことがあるので、**記録**をお勧めします。いわゆる**ネタ帳**です。みなさんがもっているスマートフォンに記録しておくのがよいのではないでしょうか。もちろん、紙のメモ帳でも差し支えありません。**注意するのは、「ある程度詳しく書いておくこと」**です。

私は以前、「道路で猛スピード追い越し」だけのメモをしていたことがありますが、後で思い出そうとしても、どこがポイントだったかわからなくなってしまいました。ここがポイントだという部分、自分がどう感じたかなども、簡単に書いておくとよいでしょう。

やってみよう！

最初は週に1回、3日に1回、1日1回というふうに、徐々にメモの習慣を付けよう。

3-2

「失敗」「感動」「ギャップ」「意外」「極端」をさがそう

ネタになるポイント

1―4でも述べましたが、日常のありふれた場面からネタをさがすときのキーワードは「失敗」「感動」「ギャップ」「意外」「極端」です。以下の例のようなイメージです。

失敗…可能な人は○時に集まってください、と職員室の黒板に書いてあったので、その時刻に行ったら誰もいない。よくよく黒板を見ると、集まるのは翌日のことだった。

感動…ある子が「折り紙やってもいいですか?」と尋ねてきた。「朝の活動前ならいいよ」と答えると、その後「先生にプレゼント」と、折り紙の作品をもって来た。

ギャップ…普段はものすごく活発な男児で、返事もあいさつもはきはきしている子が、「先生、お母さんにダンス見せるの恥ずかしい」と言っていた。

意外…子どもの集合写真を撮ろうとして、隣の組の先生にカメラを頼んだ。子どもを笑わせようと軽いシャレを言ったら、その先生が爆笑してシャッターが押せなかった。

極端…お弁当屋さんで先に並んでいた男の人。店員さんから、ごはんは大盛りにしても同じ値段だと聞いて「じゃあ、メガ盛りで」と答えていた。（普通から増やしすぎ）

この他にも、「あれ?」「おや?」「なるほど!」などと感じたこともネタになります。

そのように見てみる

ネタ探しに、特別なコツはないのですが、強いて言えば**「そのように見てみる」こと**です。失敗や感動話として、自分の体験を見てみるということです。見てみようとすると、意外にもそのような部分が見えてきます。何でも何度でもやってみることが大切です。

やってみよう!

5つのキーワードに合わせて1つずつネタを出してみよう。

3-3

なるべく短い瞬間をエピソードにして切り取ろう

言いたいことをすべて言うと長くなってしまうよ

長い話はポイントがつかみにくい

子どもに大切なことを伝えるときに話す内容は、なるべく短い瞬間、1つの場面程度が適しています。長い話は、子どもにとって話のポイントがつかみにくくなるからです。

まず、話が長くなるとそれだけで集中して聞かなくなってしまう可能性が高まります。

また、長い話の場合、因果関係を理解しないと素晴らしさや面白さが伝わらないものですが、そのためにはある程度の理解力が必要です。ところが、話し言葉は形には残らず消えてしまいますので、よく理解できなかったところをもういちど戻って確認はできません。

そのため、話を聞いただけでは内容を的確につかむことができないこともあるのです。

伝えたいことは、1エピソード1メッセージで、短くし、情報をそぎ落としましょう。

軽いメッセージの方が行動を起こしやすい

子どもたちに何かを伝えるその目的は、**子どもたちに、より適切な行動を促すこと**です。そのためには、エピソード語りを聞いたことで「やってみよう」という気になることが大切です。

ところで、みなさんは次のどちらの方を、より「やってみよう」と思いますか？

▼**A**…健康を維持するために、毎日1時間の水中ウォーキングをする。

▼**B**…健康を維持するために、毎日10回のスクワットをする。

ほとんどの方がBだと思います。理由は単純で、Bの方が簡単だからです。長くて大きなエピソードで重大なことを伝えるより、短く小さなエピソードで、実行可能な簡単なことを伝える方が、子どもたちの行動を促しやすいのです。

やってみよう！

まず1つメッセージを考えて、
もう1つそれより簡単なメッセージを考えてみよう。

3-4

お話の構成を頭に入れよう

場面（状況）設定→エピソードの説明・描写→伝えたいこと

ここで、お話の構成を頭に入れておきましょう。

❶場面（状況）設定　❷エピソードの説明・描写　❸伝えたいこと

「❶場面（状況）設定」では、これから子どもたちに話すエピソードが、どのような状況で起きた出来事なのか、どのような場面での出来事なのかを伝えます。

「❷エピソードの説明・描写」では、お話のメインとなるエピソードを伝えます。ネタが生きてくるのはこの部分です。

「❸伝えたいこと」では、このエピソードを通して子どもたちに学んでほしいことを伝えます。子どもにこうなってほしい、こうやってほしいという教師の思いを伝えます。

教師は難しがり屋

このように、お話の構成は単純で簡単です。みなさんも簡単だと思われたのではないでしょうか。簡単だと思うことはとても大切で、話をする上で有効です。

教師には不思議と「難しがり屋」が多いです。簡単なものを難しく考えてしまうのです。あまりにも簡単な足し算や引き算を細分化して説明したり、普通だったら数分で読んで終わりになる童話や物語を、何時間もかけて教えているからかもしれません。

しかし、物事は難しく考えることで難しくなってしまうという側面もあります。お話は難しいと思ってしまうと、それだけでハードルが上がってしまいます。もっと単純で簡単なものだと考えておいた方がいいのです。

やってみよう！

考えたネタのうち1つをエピソード原稿に起こしてみよう。

3-5

まず、ネタと子どもたちに伝えたいことをヒモづけよう

ここから、ネタを
「話」にする過程を
詳しく見ていこう

郵便局での体験のネタ

ネタを「話」にするには、ネタと「伝えたいことをヒモづける」ことから始まります。

ここでは、私の体験から具体的に考えてみましょう。

ある日、私は郵便局に切手を買いに行きました。窓口で買いたい切手を告げてお金を払いました。窓口の局員さんが切手とお釣りをトレイに載せて出してくれました。トレイには百円玉が3枚載っていました。局員さんはトレイを置く前に、さりげなくその百円玉をひっくり返して全部表側にして出してくれました。不思議に思った私は、局員さんにどうしてそのようなことをするのか聞きました。するとその局員さんも驚いて、そんなことを聞かれたことは今までなかった、その方がきれ

――いかと思い、特に考えもせずにやっていたと答えてくれました。――

ヒモづける「伝えたいこと」をなるべくたくさん探す

この体験にヒモづけたい「伝えたいこと」をまずたくさん探してみます。なるべく思いつくだけたくさん探すことが大事です。**コツは「無理矢理」「こじつけ」**です。とにかく少しでもかすっていることをたくさん挙げてみます。次のようなものです。

❶ そろえるということは美しい
❷ ちょっとした気遣いが相手を快くする
❸ おや？と思わせることの効用
❹ 百円硬貨にも愛情を示す
❺ 一人の美しい行動で全体の評価が上がる
❻ 小さいことにこだわる
❼ 目の前でやって見せる

やってみよう！

右の7個の例以外に、何か伝えたいことが思いつかないか考えてみよう。

3-6

1文で場面（状況）設定をしてみよう

短く端的な話が伝わりやすい

ネタと「伝えたいこと」を思いついたら、次にお話の始まりの部分である、場面設定（状況設定）をどのようにすればよいか考えてみましょう。

場面設定（状況設定）とは、**これから子どもたちに話すメインのエピソードが、どのような状況で起きた出来事なのか、どのような場面での出来事なのかを伝える部分**です。

メインはあくまでエピソードの部分ですから、場面設定（状況設定）の部分は短く端的に済ませるのがコツです。場面設定（状況設定）を詳しく長く話していると、メインの部分にたどり着くまでに子どもたちの集中が切れたり、ポイントがぼやけたりするからです。

例えば、次の場面設定（状況設定）を比べてみてください。

急にエピソードを
話し始めると混乱
させてしまうよ

A　ある日、郵便局に切手を買いに行ったときのことです。

B　8月の夏休みで学校が休みだったときに、家で仕事をしていたら、ふと友達に送らなければならない書類があることに気がついたので、それを送ってしまおうと思ったのですが、切手がなかったので、郵便局まで切手を買いにいったときのことです。

いかがでしょう。Bの方が詳しいですが、まどろっこしい印象を受けるでしょう。メインとなるエピソードに関係のない部分をくどくど話すと、かえって伝わりにくくなります。また、場面設定（状況設定）は、できれば「1文で」、多くても「2文」で済ませると、メインのエピソードにスムーズに入れます。思い切って省いて、1文で場面設定（状況設定）をしてみましょう。何度かやるとすぐにコツがつかめます。

やってみよう！

あなたがこの本を買ってみたときの、場面設定をしてみよう。

3-7

場面設定は相手がよく知っているものを使おう

場面設定も長くなりがち。短くする方法を伝授！

子どもがよく知らないことは出さない

例えば、次のような場面設定を行ったとします。

「この前、車で走っていたら、珍しくおかぼを見たんです」

この場面設定を聞いても、おそらくほとんどの人が「何それ？」と思うでしょう。そしてそのことが気になって、**メインのエピソードに集中できなかったり、エピソードそのものが理解できなかったりする**でしょう。かといって、次のようにしたらどうでしょう。

「この前、車で走っていたら珍しくおかぼを見たんです。おかぼというのは『陸稲』と書きます。普通、稲は水田で栽培しますけど、実は畑で栽培する稲もあり、それを栃木県ではおかぼと言うことがあります。最近では珍しいおかぼを、車で走っていたら見つけて……」

子どもたちがよく知らない言葉を場面設定で使うと、このようなことになってしまいます。場面設定では、子どもがわからない言葉や言い回しは、使わないようにしましょう。

知らないものの場合は、単純化して説明するか、喩える

しかし、エピソードが起きた場面が、都合よく子どもたちが知っている場面になるとは限りません。そのときは、次のようになるべく単純化した説明か比喩を用いましょう。

▼単純化…「この前、車で走っていたら、珍しくおかぼを見たんです。おかぼとは、麦のように畑に生えている稲です」

▼比喩…「この前、車で走っていたら、麦畑のように稲が生えていたんです」

やってみよう！

場面設定を単純化してみよう。

3-8 エピソードそのものを細かく描写する

細かく描写すると印象に残る

聞き手にはっきりイメージをもたせ、記憶に残す話し方をするための方法のひとつが、細かく描写することです。細かい描写によって、**描写されたものやことがらについての情報が増えれば、いくつかは記憶に残るでしょうし、よりはっきりしたイメージを描ける**からです。

A　40歳くらいの女性の局員さんが応対してくれました。

B　40歳くらいの女性の局員さんが対応してくれました。その方は濃い青色の制服を着て、てきぱきと仕事をしていました。お客さんが窓口に来る度に「お待たせしました」と明るい声と笑顔で対応していました。

AよりもBの方が細かく描写されているので、はっきりしたイメージがもてるのではな

場面設定とは逆に、
メインエピソード
は詳しく描写する

いでしょうか。その分、記憶に残りやすいということもわかるでしょう。この場合、話の分量は増えますが、**因果関係のない描写ですので、聞き手である子どもたちがわかりにくいと感じることは少ない**といえます。

エピソードをふくらませる効果もある

エピソードを聞き手が満足するボリュームにふくらませるという効果もあります。

多くの人が不安に思うことの1つが、「ネタが見つかったとしても、そのネタだけを語ったのではあっという間に終わってしまって、お話にならないのではないか」ということですが、細かく描写することで、そのような不安を消すことができます。細かい描写によって、エピソードの内容をふくらませるのです。

やってみよう！

お気に入りのネタメモから1つ選び、細かい描写を書き出してみよう。

3-9

リアルな描写で信ぴょう性を出す

実際の場所や数字を入れる

細かい描写の1つに「リアルな（現実的な）描写」があります。リアルな描写を入れる**とぐっと現実味が増して、聞き手の関心も高まりますし、現実と関連させることで記憶にも残りやすくなります**。リアルな描写にするためには、❶**実際の場所**、❷**実際の数字**の2つを使います。例えば、次の場面設定の場合、AよりもBの方が現実味があるということです（ただし、Aの場面設定が悪いということではありません。Aの方が簡潔でよい場合もあります）。

A「ある日、郵便局に切手を買いに行ったときのことです」

B「ある日、〇〇駅のそばにある郵便局に切手を買いに行ったときのことです」

詳しい描写その1：
実際の場所&数字
を書き出そう

細かい描写はエピソードの中のどこか1点にする

細かい描写もリアルな描写も、聞き手にはっきりとしてイメージをもたせることができますし、エピソードの内容をふくらませることができます。

しかし、だからといって、やみくもに何でもかんでも細かくリアルに描写すればよいかといえば、そうではありません。何でも細かくリアルに描写していては、かえってピントがぼけてしまいますし、長い話になってしまいます。そうなると、肝心のことが記憶に残りにくくなってしまいますし、子どもたちの集中力が切れて飽きてきてしまうかもしれません。細かくリアルに描写するのは、**エピソードの中のどこか1つのポイントに絞ります。**出来事が起きた場所とか、その場にあった物とか、登場する人物とかです。

やってみよう!

3-8「やってみよう!」のネタメモに、❶と❷の要素があるか確認し、なかったら書き出してみよう。

3-10

擬音語・擬態語を使って臨場感を出す

詳しい描写その2：ここぞの場面で擬態語を使って語ろう

漫画の演出のように

▼擬音語（擬声語）…動物の音声や物体の音響を言語音によって表した語。「わんわん」「ざあざあ」「がらがら」の類。（デジタル大辞泉）

▼擬態語…事物の状態や身ぶりなどの感じをいかにもそれらしく音声にたとえて表した語。「つるつる」「じろじろ」「こっそり」など。（デジタル大辞泉）

擬音語も擬態語も臨場感を出すのに一役買いますが、**擬態語の方が効果的**です。音は実際に聞けるので、ある程度の共通の記憶が聞き手の中にもあるのに対し、**その場の状態や感じは共通の記憶が少なく、擬態語で表現するとよく伝わる**からです。

擬態語を使うイメージは、漫画がわかりやすいです。例えば『ジョジョの奇妙な冒険』

という漫画では、人物が存在感をもって描かれる場面などで「ゴゴゴゴゴゴゴ」と擬態語が使われます。このように「その時、車がゴゴゴゴゴと迫ってきて」などと使えます。

使い過ぎない

しかし、擬音語・擬態語は何度も繰り返し使われると効果が薄れ陳腐な表現になっていきます。ここぞという時に使えば効果的ですが、聞き手もうるさく感じます。

子どもたちは擬音語や擬態語の表現に敏感で、それらを使うだけで大いに喜び笑顔を見せます。それが嬉しく、つい擬態語や擬音語を使いたくなります。そうなると**子どもの関心は肝心のエピソードの内容ではなく、擬音語や擬態語に移ってしまう**こともあります。

擬音語や擬態語は、ここぞという時にだけに使うようにしましょう。

やってみよう!

3-8「やってみよう!」のネタメモに、擬態語を足せないか考えよう。

3-11

会話や内言を多くする

会話が多いとわかりやすい

小説を読んでいて地の文での描写や説明が長く続くと、なかなか頭に入らないことはありませんか？　逆に、登場人物同士の会話の場面になると、すらすらと読めるし頭に入りやすくなったのではないでしょうか。このように**描写や説明も、会話形式にするとわかりやすくなります**。聞いていてわかりやすいということは、それだけ伝わりやすいということでもあります。会話を多めに入れることで、聞き手である子どもたちに、エピソードをよりよく理解してもらえるようになります。

そうは言っても、実際の場面ではそれほど多くの会話がないこともあるでしょう。そのような場合の解決策は、**思ったことや考えたことも会話にして話す**ことです。

詳しい描写その３：
会話形式を入れて
わかりやすくしよう

思っていること・考えていることも会話にする

例えば、左記のように、思ったことも会話にして話してしまいましょう。

「この前、郵便局に切手を買いに行ったんです。私の前に4人のお客さんが並んでいて、私は、『結構時間がかかりそうだな。どうしてこんなに混んでいるんだ』と思いました」

ネタとなった実際の場面では会話がなかったとしても、会話を入れることで話の展開がわかりやすくなったり臨場感が出たりすることはたくさんあります。事実ではなくても、**会話の創作は演出の1つと考えましょう。**効果的な会話をはさんで、聞き手にわかりやすくなるようにします。

やってみよう！

3-8「やってみよう！」のネタメモに、会話を入れてみよう。

3-12

自分の感情や気持ちを入れる

本音を出すと受け入れられやすい

何かの集まりで、それまで知らなかった誰かと知り合いになることがあります。しかし、この関係がより親密になる場合とそうならない場合があります。その理由の1つは**「本音で話すかどうか」**にあります。自分が本当に思っていることを言わず、当たり障りのないことばかりを話していたのでは、相手も心を開いてはくれません。自分から心を開いて、本音を伝え合うことで、互いに安心感と信頼感を得られます。

エピソードを話すときも、これは関係しています。出来事を上手に描写したり説明したりすることはとても大切ですが、出来事を描写したり説明したりされているだけでは、何となく、話し手に親近感がわいてこないのです。どこか他人事のような感じがします。

そこで、エピソードを話す際に、どこかに本音を入れるようにします。本音を入れることで、**聞き手は話し手に親近感をもち、もっとよく聞こうという気になります。**

本音とは感情

では、本音とは何でしょうか。基本的に、自分の感情のことです。もちろん感情以外の、自分なりの判断や自分なりの考えもありますが、最もわかりやすく簡単なのが自分の感情、つまり気持ちです。本音を入れるとは、自分の気持ちを入れるということです。

どのようにして気持ちを入れるかといえば、前項で説明したように、**「会話」として入れるのが自然**です。例えば「それを見たときに、『ああ、何だかちょっと面倒くさくて嫌だな』と思ったんですよね」というような感じです。

やってみよう！

3－8「やってみよう！」のネタメモに、本音を入れてみよう。

3 - 13

何かに喩えて話す

知らなそうなものは知っているもので喩える

お話に限らず、比喩は非常に効果的なレトリックの1つです。的確な比喩は聞き手の理解を助けます。子どもたちにエピソードを話すときには、なるべく子どもたちが知っている、子どもたちが理解できる場面設定や内容であることが望ましいのですが、子どもたちには馴染みのない場所や場面でのエピソードになることもあるでしょう。

そんな時、比喩が使えます。前述（3―7）しましたが、よく知らない言葉や場面を語ると、その言葉が気になって肝心の話に集中できなかったり、話の内容が理解できなかったりします。そこで**子どもたちが知らないことや理解が難しいことを、子どもがよく知っているもので喩えます**。特に、聞き手が低学年の場合は必要です。例えば、以下のような

ものです。

・郵便局の窓口　↓　コンビニでお金を払うところのような

・コンサート会場　↓　音楽室をすごく大きくしたような

・広いキャベツ畑　↓　校庭10個分くらいのキャベツ畑

子どもたちがよく知っているもので喩えるのが、一番わかりやすいでしょう。身近なものでいえば、学校です。学校は毎日見ているので、よくわかるし共通のイメージをもてます。また、地域にあるコンビニやスーパー、学級で話題のアニメなどで喩えるのもわかりやすいでしょう。**何かで喩えて話す場合、正確さはあまり求めません**。だいたいの似たようなイメージをもってもらえればＯＫです。ですから、喩える際にあまり神経質になる必要はありません。大胆にとらえ、何となく感じが伝われば大丈夫です。

やってみよう！

3−8「やってみよう！」のネタメモで最もわかりにくい部分を比喩で説明してみよう。

3-14

動作を添えて映像化する

ちょっとした動作を入れるとわかりやすい

単に立って話をするよりも、ちょっとした動作を入れながら話した方が、エピソードの内容がよく伝わります。**言葉だけで伝えるよりも情報量が増えるから**です。

例えば「窓口の局員さんが、百円玉3枚をトレイに載せてこちらに差し出してきました」と話しながら、トレイをもって差し出す動作をします。トレイの大きさや動きも詳しくわかります。それらを言葉で説明しようとすると、かなりの言葉が必要になるので、結構な時間がかかってしまいますが、動作を入れることで、これを節約することもできます。

また、通常は視覚・聴覚の情報をバランスよく取り入れ認識しますが、どちらかが大きく優位な子もいます。**視覚優位な子には、動作を入れることで理解の助け**になるでしょう。

詳しい描写その6：
身振り・手振りを
加えてみよう

動作が多くなりすぎるとうるさい

しかし、視覚情報が多ければ多いほどよいということではありません。例えば、私はどちらかといえば聴覚優位で、少しの雑音でも気になって仕事に集中できないことがあります。エピソードを話しながら、ある程度の動作を入れることで、内容が伝わりやすくなります。しかし、動作が多過ぎでも、聞き手にはかえって気になってしまい、話に集中できなくなるのです。

あくまでも、**メインは「話し」だと心得ましょう。**動作を入れるのは、話しの時間がある程度続いたタイミングや、言葉だけでは伝わりにくく、動作を入れた方がわかりやすい場合などに限った方がよいでしょう。

やってみよう！

3-8「やってみよう！」のネタメモのどこに動作を加えるとわかりやすいか考えてみよう。

3-15

登場人物同士の会話は体の向きを変える

体の向きを変えて会話を表現する

お話に会話をなるべく多くすると述べましたが（3－11）、そうなると必然的に会話の場面が多くなり、話す時間も長くなりがちです。

ところが、2人以上の会話形式だと、声の質や話し方を使い分けないと、誰が話しているのか伝わりにくくなります。私たちは声優さんや芸人さんのように、話し方や声の質を上手に使い分けられないので、誰が話しているのかわかりにくいことがあります。

そこで、声の質や話し方の代わりに、誰が話しているのかをわかりやすくするのが、体の向きです。**体の向きを変えるだけで、別の人の話になった、こっち側の人が話していると、聞き手にわかってもらえる**ようになります。これは動作を入れるパターンの1つです。

動作を加えるときは体の向きを変えるだけでもOK

低学年の子どもたちを相手にして話す際には、いくらかオーバーアクションの方が伝わりやすいので、会話の場合は体の向きを変えるようにするとよいと思います。

顔を向けるだけでもよい

比較的年齢の高い子どもたちを相手にして話す際には、顔を向けるだけでもよいでしょう。

また、お話では、心の中で思ったことや感じたことなども会話として表現することが増えます（3−12）が、**相手がいない場面で話し手の心の声を話す場合は、顔を斜め上に向けて話すようにすると、心の中で思っている様子を表現することができます。**

やってみよう！

3−8「やってみよう！」のネタメモに会話があれば、〈体・顔の向きを変える〉とメモしてみよう。

3-16 登場人物同士の会話は声を少し変えてみる

声を少し変えて会話をしてみる

3－15の内容に加えて、登場人物の声を少し変えて話すと、さらに聞き手にわかりやすくなります。とはいえ自由自在に登場人物の声を操るのは簡単ではありません。ただし、ほんの少しの変化でよいなら、それほど難しく考えることはないでしょう。

例えば、**大きな声と小さな声**です。声の大きさならば比較的簡単に変えることができます。聞こえないような小さい声にならないよう注意すれば、2人の会話に変化をもたせることができるでしょう。また、**高い声と低い声**という変化も比較的簡単です。低い声は男性や年配者、高い声は女性や子どもという使い分けられます。さらに、**話すスピードを速くするか遅くするか**という変化も考えられます。

コツは思い切ること

声の大小や高低や遅速などの声の変化は、比較的簡単につけることができます。とはいえ、いざやろうとすると、人によっては難しいこともあります。なぜかというと、**恥ずかしさが先に立ってしまうから**です。普段の自分の声は特に意識せずに話しますので、恥ずかしいという気持ちは湧いてきませんが、簡単だとはいっても普段の声とは別の声を出そうとすると、どうしても自分の声を意識してしまうのです。

この**恥ずかしさを克服するコツは「思い切り」**です。思い切って高く、思い切って大きく、思い切って遅くなど、思い切ると子どものウケもいいものです。下手に照れて思い切りが足りないと、逆にその話し方が気になってエピソードに集中してもらえません。

やってみよう!

本書のこの見開きページを1段落ごとに、声を変えて読み上げてみよう。

3-17

無理に笑わそうとしない、笑われるのはよい

「他の先生は笑いをとっているのに…」と比較しなくてOK！

笑いはなくてよい

スピーチではユーモアが大切と言われます。ユーモアのあるスピーチがもてはやされ、話には何より聞き手を笑わせることが大事と思ってしまう方も多いのではないでしょうか。

確かに、聞き手をユーモアで笑わせることができれば、その後の話もよく聞いてもらえるので、伝えたいこともよく伝わります。しかし、ユーモアで笑わせるのは難しいです。スピーチ上級者の技術ですから、先生から子どもへの話には、笑いはなくて構いません。

子どもたちは少しのことでよく笑います。特に低学年の子は、「何を言っても笑う」と思えるほどよく笑います。子どもたちが笑顔になると、嬉しくなってつい軽口を言って笑わせてしまうことがありますが、**むしろ笑いがない方が、相手が子どもの場合は集中力が**

途切れないのでよいとさえ言えます。それよりも、伝えたいことをしっかり伝えることに、力を注ぎましょう。

照れ笑いをしない

照れ笑いもなるべく我慢しましょう。お話に慣れていないうちは、話しながらどうしても恥ずかしい気分になります。そして、その恥ずかしさを隠すように照れ笑いをすることがあります。顔がゆるんでニヤニヤしたり、自虐的なことを言ってしまったりします。

みなさんにも経験があるかと思いますが、**話し手が照れながら話していたり、自虐的なことを言ったりしているのは、どこか聞きづらいもの**です。子どもたちも話に集中しづらくなってしまうでしょう。そうならないように、気をつけましょう。

やってみよう！

子どもが集中できなかったときの教師の話し方を振り返ってみよう。

3-18

伝えたいことは当たり前のことでいい

当たり前のことが大事なこと

3-4で、お話の構成は❶場面（状況）設定、❷エピソードの説明・描写、❸伝えたいこと、と述べました。ここからは、❸について述べていきます。

前述（2-2）した通り、「伝えたいこと」、このエピソードを通して子どもたちに学んでほしいことを伝えます。そう考えると、この「伝えたいこと」が最も重要だと考えられるでしょう。そして、何を伝えたらよいか身構え、考え込んでしまうかもしれません。そうなるとお話そのものが億劫になってしまいます。そうなってしまっては元も子もありません。

「伝えたいこと」は重要ですが、特別なことでなくていいのです。むしろ当たり前のことで構いません。当たり前のことが大事です。その当たり前で大事なことを、ある具体的なエピソードに託して語るわけです。エピソードも伝えたいことも、どちらも大切です。

当たり前のことができるようになってほしい

子どもたちにできるようになってほしいことを改めて考えてみると、それほど特別なことではないと気がつくのではないでしょうか。例えば、返事やあいさつがよい声でできるようになってほしい、友達が困っていたら助けてあげられるようになってほしい、自分の仕事は責任をもってやる子になってほしい、などです。これらはいずれも特別ではありません。むしろ生活をする上で当たり前に身に付けてほしいことです。でも、それらがなかなか身に付かないのが現実です。ですから、伝えたいことは当たり前のことでいいのです。

やってみよう！

3-8「やってみよう！」のネタメモの「伝えたいこと」は何か、1つだけ考えてみよう。

3-19

ちょっとしたやり方を加える

子どもへのメッセージは、再現可能なレベル感で！

大きなことは言われてもできない

ある高名なプロゴルファーとあなたが、以下のようなやりとりをしたとします。

あなた「どうすればあなたのようにうまくなれますか？」
ゴルファー「私のゴルフは才能ではありません。毎朝練習場で千個ボールを打ちます。まめがつぶれて血がにじむので、一旦クラブハウスで血を洗い流し包帯を巻きます。またコースに戻って千個のボールを打つ。これを毎日繰り返します」

みなさんがこう言われたとして、実行する気になるでしょうか。上達のためには才能ではなく努力の積み重ねだということはよくわかりますが、実行するには難易度が高すぎます。

どんなに素晴らしい感動的なことでも、あまりに大変で難しいと、聞き手はあまりやる

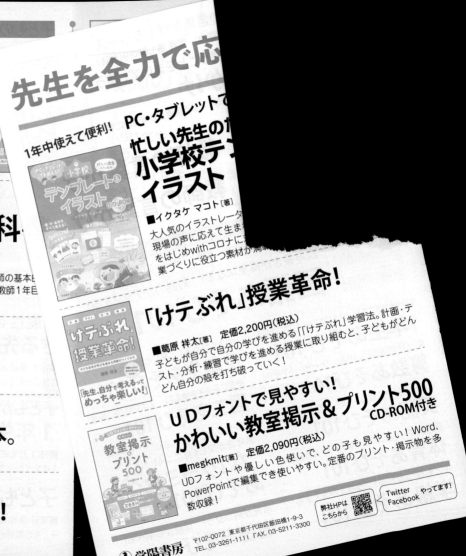

援します！

も使える！

ための

ンプレート&

DVD-ROM付

定価2,090円（税込）

ーが描く素材集！
れた全学年対応！定番掲示物・配布物
対応した学校様式にあわせた学級・授

読み書きが得意になる！　対話力がアップする！
国語あそび101

学校が大好きになる！　小１プロブレムもスルッと解消！
1年生あそび101

楽しく数学脳が鍛えられる！　ワークシートで便利！
算数あそび101

どの子も好きになる！　楽しみながら話せる！
英語あそび101

運動嫌いの子も楽しめる！　体力アップに効果絶大！
体育あそび101

子どもがつながる！　クラスがまとまる！
学級あそび101

仲よくなれる！　楽しく学べる！
2年生あそび101

授業にそのまま使える！　スキマ時間に最適！
図工あそび101

パソコンなしで学べる！
思考法が楽しく身につく！
プログラミングあそび101

意見が飛び交う！　体験から学べる！
道徳あそび101

子どもの聞く力、行動する力を育てる！
指示の技術

■土居 正博［著］　定価2,090円（税込）

良い指示の例と悪い指示の例が○×イラストでよくわかる！「指示の基本」と「指示を通して子どもを自立させる方法」までくわしく解説。

「けテぶれ」宿題革命！

■葛原 祥太［著］　定価1,980円（税込）

大反響！「先生、勉強が面白くなった！」という声続出！宿題で子ども自身が自分の学びのPDCAを回していく「けテぶれ学習法」！

生産性を爆上げ！
さる先生の「全部ギガでやろう！」

■坂本 良晶［著］　定価1,980円（税込）

５時に帰れて、子どもの学びの生産性が爆上がりする、GIGA時代の教師の仕事術！

子どもがどんどん自立する！
１年生のクラスのつくりかた

■樋口 万太郎［著］　定価1,980円（税込）

１年生が自分で問題解決をはじめ、タブレットもがんがん使うようになる指導とは！

子どもと心でつながる教師の対話力

■渡辺 道治［著］　定価1,980円（税込）

子どもと教師の「ちょうどいい距離感」を築くカギは、教師の対話力にあり！

気になりません。自分にはどうせできないと、チャレンジする前から諦めてしまうでしょう。ですから、子どもに伝えたいことは、大きなことでない方がいいのです。

やればできるが、それまで気づかなかったことを

では、どのようなことを伝えればよいのでしょうか。それは、やろうと思えばすぐにでもできるけれども、それまでやろうと思っていなかったことや知らなかったことです。

例えば、よい声であいさつをしよう、ということを伝えたいとします。この場合、そのまま「あいさつはよい声でできるといいですね」でも、悪くはありません。やろうと思えばできるからです。そこに具体的な方法が加われば最高です。「普段よりもちょっとだけ高い声であいさつをしてみると、よい声のあいさつになりますよ」などです。

やってみよう！

自分の伝えたいことが、子どもにとってハードルが高すぎないか、チェックし直そう。

3-20

同じエピソードで伝えたいことを変える

解釈や観点を変えて見る

1つのエピソードの解釈や観点を変えたり、焦点を変えたりすることで、別のことを伝えられます。物事には必ず表裏があり、見る人や立場が異なれば違った見え方をするからです。円筒形の筒も、見方によっては円に見えたり長方形に見えたり円筒形に見えたりします。これと同じで、1つのエピソードもいろいろな見方をすることができます。

例えば、前項のプロゴルファーの例も、見方によっていくつか伝えることができます。

❶成功するためには努力が大切
❷才能よりも努力が成功のカギ
❸苦しさに耐えることで力がつく
❹反復練習が上達には不可欠
❺トップになるには限界を超えなければならない
❻継続が成功への道

1つのエピソードを伝えたいことを変えてリメイクできる！

よいエピソードは使い回して有効活用

つまり、子どもたちに話して聞かせたくなるようなよいエピソードは、1回きりではなく、何度も活用することができるということです。

同じ話を繰り返すのでは、何だか気が引けるように気分になるかもしれませんが、そんなことはありません。**子どもたちは同じ話でも、いい話は何度も聞きたがる**ものです。それに、何度も語って聞かせることで、子どもたちの心に残るようになります。

焦点をずらしたり、観点を変えたりして、エピソードを有効に活用しましょう。

やってみよう！

3−8「やってみよう！」のネタメモの「伝えたいこと」を、5つ考えてみよう。

3-21

心配なら練習をする

練習は裏切らない

ここまで、話すことを得意にするための技術を述べてきましたが、このような情報を知識として知っただけでは、エピソードを話す上での不安を消すことは難しいでしょう。やはり、その知識を実際に試してみて、試行錯誤することが必要です。経験を積むことで技術が身に付き、それによって自信も生まれるからです。経験を積むには実践が一番です。最初はぎこちないでしょうが、何度か話しているうちに自分なりの話し方やジェスチャーの仕方がわかってきます。ぎこちなくても子どもたちは真剣に聞いてくれるはずです。

いきなり子どもたちの前で話すことに抵抗が感じられるならば、ありふれた方法ですが、事前に練習をしましょう。**放課後の教室に1人残り、教卓を前にしたり黒板を背にしたり、**

子どもたちがそこにいると思って話してみます。何度か繰り返せば、「お話」に慣れてきますし、改善点も見えてくるでしょう。練習をすればしただけ、スムーズに話せます。

書いてみる、読んでみる、想像してみる

練習としては実際に話してみるのがよいのですが、それが難しい場合、まず文章にするとよいでしょう。話し言葉で書き、読み上げます。ただ読み上げただけでは音読なので、子どもに語りかけるつもりで読んでみます。**頭の中で語りの場面を想像してもよいでしょう**。

ところで、自分で書いたエピソードを朗読することも、ときにはよいものです。子どもたちに語りかけるよりも、朗読をして聞かせる方が印象に残ることがあります。どちらがよいのかはその時の判断になりますが、朗読も1つの方法だと覚えておきましょう。

やってみよう！

1週間に1話、3日に1話、1日に1話と、徐々に増やし、意識して「お話」に慣れていこう。

Column 3

「お話」の場づくりに要注意

エピソード語りをするときの「超強力」なアイテムがあります。もっとも、このアイテムは諸刃の剣で、効果を高めることもあれば、その反対の結果となることもありますので、注意が必要です。

そのアイテムとは「音楽」です。

あるとき、子どもたちに少し感動的なエピソードを話そうと思っていたところ、何かのときに使おうと、教室に置いておいたオルゴールミュージックのCDが目に入りました。

そのCDを見た瞬間、

「そうだ、音楽をかけて話してみよう。きっと感動が倍になるに違いない」

とひらめいたのです。

CDを準備する私を、子どもたちが不思議そうにながめています。私は少しワクワクしながら、無言でCDのスイッチを押しました。

ところが、音楽が流れ始めると、私の予想に反して、子どもたちがクスクスと笑い始めたではありませんか。

わたしはうろたえました。オルゴールのもの悲しいメロディに乗せて、感動するエピソードを話そうと思っていたのに、のっけからお笑いです。感動も何もあったものではありませんでした。結局、このときはエピソードを話すのをやめることにしました。

何も説明せずに、いきなりオルゴールの音楽をかけたので、子どもたちはおかしくなったのです。きちんと説明をしなかった私のミスでした。

4章

話し方がうまくなる技術 実践編

状況（場面）設定、説明・描写

状況（場面）設定

状況（場面）設定は、1文でします。くどくどと説明をしない方がわかりやすいでしょう。

―「この前、郵便局に切手を買いに行ったんです」―

これだけで、状況（場面）は十分に伝わると思います。もしも、ややリアリティを付け加えたいなら、「○○駅のそばの」などと具体的な地名や店名を入れてもよいと思います。

―「この前、○○駅のそばの郵便局に、切手を買いに行ったんです」―

しかし、「○○駅のそばの」という言葉が入ってなくても、この場合は問題ないでしょう。

次に、**ネタのどの部分のボリュームをアップさせるか**考えましょう。細かくリアルに描写する部分をつくると、聞き手の子どもが、はっきりイメージできます。また、エピソー

ネタをボリュームアップするために、何をするんだっけ？

ドにある程度の長さをもたせます。3−8のネタを元に喩えると次の通りです。

局員……窓口には局員さんがいました。ちょうどみなさんのお母さんくらいの年齢で、郵便局の制服をきちんと着ていました。髪の毛が長くてちょっとパーマがかかった女の人です。先生の番になると「次のお客様どうぞ。お待たせしました」と、明るく落ち着いた声で話していました。

トレイ……このトレイは長方形をしていて、お皿のようになっています。緑色をした軽そうなプラスチックでできていました。大きさは縦が10cm、横が15cmくらいです。みなさんの教科書の半分くらいの大きさです。中に十円玉とか百円玉を置いたときに滑らないよう、黄色い布が敷いてありました。

やってみよう！

新たなネタを1つ出して、場面設定とボリュームアップの内容を決めてみよう。

4-2

会話部分を考える

実際のやりとり部分・心の中で思ったことを会話にする

〈実際に会話している時：五百円玉を出して切手を買う場面〉

私　「百円切手を2枚ください」

局員「はい。二百円です」

私　「どうしておつりの百円玉を裏返したのですか？　今、トレイに百円玉を載せてから、その中の2枚を裏返していましたよね？」

局員「そうですか？　自分では気がつきませんでしたけど、3枚とも表になっていた方が、そろっていてきれいかなと思って…です」

私　「無意識になさっているんですね」

次に、会話を入れてイメージをしやすくしよう

局員「（笑いながら）そうですね」
〈心の中で何かを思った時：郵便局の窓口に行った場面〉
私「そんなに混んでないな。よかった」
〈局員さんがトレイの百円玉を裏返すのを見て〉
私「あれ？　何をしているんだろう？　今、百円玉を裏返していたけれど。しかも2枚。何か意味があるのだろうか？」
私「ちょっと恥ずかしいけど、理由を聞いてみようか」
私「確かに、裏表がそろっているときれいに見えることは見えるけど、そこまでするとはすごい。しかも自分では意識してないいんだから、もう習慣になっているんだな」

やってみよう！

4－1のネタメモで、会話にできる場所を2か所探してみよう。

4-3

擬音語・擬態語・比喩を考える

擬音語・擬態語を入れてみる

次に、擬音語や擬態語がつきそうな場面を取り上げ、擬音語や擬態語を入れてみます。マンガのコマに擬音語や擬態語を入れていくようなイメージです。**とりあえず、入りそうな場面に入れてみましょう**。そして、実際に語る際には取捨選択します。今回のネタでは、擬音語や擬態語を入れる場面がそう多くないのですが、多少多めに考えてみましょう。

「窓口に並んでいる人が、数人ぽつぽつと立っているのが見えます」

「局員さんは、サササッと歩いていき、引き出しをサッと引いて」

「局員さんは百円玉をチョイチョイと触って裏返すと」

子どもがイメージ
しやすいように
工夫を凝らそう！

比喩を考える

子どもたちがよく知らないことなどは、よく知っていることで喩えましょう。とはいえ、今回のネタでは子どもたちも比較的よく知っているものが多そうです。敢えて何かで喩えるとすれば、郵便局の窓口でしょうか。

郵便局の窓口は、実際に郵便局に入ったことがない子どもにはイメージしづらいかもしれません。そして、子どもたちのほとんどは郵便局に入ったことがないと思います。そこで窓口を別の何かで喩えておきます。例えば、次のとおりです。

「郵便局には窓口があります。これはコンビニでお金を払うところのようになっています。その窓口に行くと……」

やってみよう！

4－1のネタメモに擬音語・擬態語を10か所足してみよう。

4-4 動作や身振り・手振りを考える

動作化ができる部分に動作をつける

まず、動作をつけます。**動作化することができるところには、とりあえずどんな動作がつけられるか**を考えてみます。その上で、必要ない動作は省きます。

> 切手の入っている引き出しまでサササッと歩いていき、引き出しをサッと引いて中から百円切手を2枚取り出し、小さい袋に入れました。

この場面では、「引き出しを引く」「切手を取り出して小さい袋に入れる」動作をつけてみましょう。

> 先生はその間に、財布から五百円玉を出して、トレイの上に置きました。

この場面も、「財布から五百円玉を取り出す動作」を入れてもいいかもしれません。

ここまでのネタメモを脚本にし、それを「お話」化していこう！

その局員さんは、トレイに載った3枚の百円玉のうちの2枚をチョイチョイと触って

この場面は、エピソードの核なので、動作をつけてなるべく聞き手にわかりやすく伝えましょう。トレイを胸の高さに掲げ、百円玉を指で裏返すような動作をつけてみます。

身振り・手振りで表す

また、動作とはやや異なりますが、身振りや手振りをつける場面も考えます。

郵便局に入ると、窓口がありました

このトレイは長方形をしていて、お皿のようになっています。

窓口の高さや広さ、また**トレイの大きさを指や手で示したり、トレイのお皿のような形を手のひらで表現したり**すると、子どもたちにも伝わりやすいと思います。

やってみよう！

脚本をザックリ作ったら、
動作化できるところに印をつけてみよう。

4-5

体の向きや視線を考える

子どもに登場人物の違いをわからせるためには？

会話部分で体の向きや視線を考える

続いて、会話部分での体の向きや視線を考えてみます。

〈最初の会話の部分〉
私　「百円切手を2枚ください」
局員「はい。二百円ですね」

ここは**初めての会話なので、聞き手に強く印象づけたい**ところです。そこで、体の向きをきちんと向けて会話をするようにします。実際の場面は窓口での対応ですから、郵便局員さんとは正対しています。しかし、子どもたちに語って聞かせる場合は正対しなくてもかまいません。体を左斜め45度くらいに向ければＯＫです。次のようにします。

私　（体を左斜め45度くらいに向けて）「百円切手を2枚ください」
局員（体を右斜め45度くらいに向け直して）「はい。二百円ですね」

同じ人物と話す場合は常に同じ方向を向く

語りの中では、同じ人物と話す場合は、いつも同じ方向を向くようにします。そうしないと、**誰にしゃべっているのか混乱してしまうこと**があるからです。
また、ここまで気にすることはありませんが、日本では舞台に「上手」（客席から見て右手）と「下手」（客席から見て左手）があり、話をする際にはそれを意識することがあります。落語などをイメージしながら話してみると、やりやすいでしょう。

やってみよう！

脚本に、動作がつけられそうなところを10か所メモしていこう。

4-6 声を少し変えてみる

自分と女子局員の声を使い分ける

さらに、登場人物の声を変えてみましょう。

今回の登場人物は、自分自身と女子局員さんなので、2人の声を使い分ければよいということになります。女性の声は男性よりも高いので、使い分ける際にはやや高い声で話すようにするとよいと思います。また、この女子局員さんは明るく朗らかな方だったので、やや高い声で明るく朗らかに話すと、よい臨場感が出ると思います。また、**会話の部分はできるだけ実際にその場にいて話しているように話すとよい**でしょう。その場の情景を頭の中で再現して行うと、やりやすいと思います。次のような感じになります。

―私（普段の自分の声で、その場で話しているように）「百円切手を2枚ください」―

局員（やや高い声で、明るくほがらかに）「はい。二百円ですね」

誰が話しているかがわかればよい

とはいえ、声を変えることは慣れていないとぎこちなくなってしまったり、意識し過ぎて不自然になってしまったりすることがあります。どうしてもやりづらいなら、**声は変えずに普通に会話をしているように話すことだけを心がけてもよい**と思います。

その場合、誰が話しているのかがはっきりするよう、体の向きや視線を統一し、はっきりと違いを出しながら話すようにします。声を変えるのも、話す向きを変えるのも、誰が話しているのかをはっきりとさせ、聞き手にイメージをもってもらうために行います。不自然な話し方をして、かえって聞き手がイメージしづらくならないようにすることも大事です。

やってみよう！

脚本の登場人物たちの声をそれぞれ出してみよう。

4-7

脚本を「お話」にする

「郵便局での百円玉」

　この前、〇〇駅のそばの郵便局に、切手を買いに行ったんです。

　郵便局に入ると、窓口がありました。

(腕を動かして、大きめの四角い枠を目の前に描きながら)

コンビニのお金を払うところのようになっています。

窓口の前には、先に並んでいる人が何人か、ぽつぽつと立っているのが見えました。

　先生は、(あまり装飾をせず、普通の声で)「そんなに混んでなくてよかった」と思い、自分の番になるのを待っていました。

窓口には女子局員さんがいました。ちょうどみなさんのお母さんくらいの年齢で、

メモに（　）等で動作を書き込みながら練習しよう。

郵便局の制服をきちんと着ていました。（髪の毛の長さを表すように、頭の先から肩くらいまで腕を動かし、最後に指をくるっと回す）髪の毛が長くてちょっとパーマがかかっています。先生の前の人の用事が済むと、

（やや高い声で、明るくほがらかに、右斜め45度を向いて）

「次のお客様どうぞ。お待たせしました」と、明るく落ち着いた声で先生に話しかけてくれました。先生は、局員さんに言いました。

（普段の自分の声で、その場で話しているように。左斜め45度を向いて）

「百円切手を2枚ください」

（やや高い声で、明るくほがらかに。右斜め45度を向いて）

「はい。二百円ですね」

局員さんはそう言うと、切手の入っている引き出しまでササッと歩いていき、

（引き出しを引いて開け、中から切手を取りだして、袋に入れる動作をしながら）

引き出しをサッと引いて中から百円切手を2枚取り出し、小さい袋に入れました。

（財布を開いて五百円玉を取り出してトレイに置く動作をして）先生はその間に、

財布から五百円玉を出して、トレイの上に置きました。（指先でトレイの大きさに長方形を描き）このトレイは長方形をしていて、（両手でお皿のように、くぼみを作って見せ）お皿のようになっています。緑色をした軽そうなプラスチックでできていました。大きさは縦が10cm、横が15cmくらいです。みなさんの教科書の半分くらいの大きさです。中に十円玉とか百円玉を置いたときに滑らないよう、黄色い布が敷いてありました。（トレイを胸の高さにもつ仕草をして、2、3歩左に歩き）局員さんは五百円玉の載ったそのトレイをもってレジに行き、（お金を交換する仕草をしてから、またもどりつつ）五百円玉の代わりにお釣りの三百円をトレイの上に載せてもどって来ました。

そして、（右斜め45度を向いて、明るく朗らかにやや高い声で）「三百円のお返しです」と言いながら、（トレイを窓口のテーブルの上に置く仕草をして）先生の方にトレイを差し出したのですが、そのとき先生は（やや左上に視線をずらして）「あれ？」と不思議に思いました。

（正面にむき直り）なぜかと言うと、その局員さんは、（トレイを胸の高さに構え、トレイの上の百円玉を見ながら、その2枚を裏返す仕草をしながら）トレイに載った3枚の百円玉のうちの2枚をチョイチョイと触って裏返してから、先生の前に置いたからです。先生は、（左斜め45度を向いて、ひとり言のように）「あれ？　何をしているんだろう？　今、百円玉を裏返していたけれど。しかも2枚。何か意味があるのだろうか？」と思い、（正面に向き直って、聞き手に念を押すように）「ちょっと恥ずかしいけど、理由を聞いてみようか」と、思い切って局員さんに聞いてみることにしたのです。

（左45度を向いて）

「どうして百円玉を裏返したのですか？」

（右45度を向いて、驚いたように）

「え？」

（左45度を向いて）

「今、トレイに百円玉を載せてから、2枚を裏返していましたよね？」

（右45度を向いて）

「そうですか？　自分では気がつきませんでしたけど、３枚とも表になっていた方が、そろっていてきれいかなと思って、です」

（左45度を向いて）

「無意識になさっているんですね」

（右45度を向いて、笑顔で）

「そうですね。自分でも驚きました」

（正面に向き直って）

　なんと、その局員さんは自分でも知らないうちに、百円玉を裏返していたというのです。先生にそう言われて、局員さんも驚いていました。

　でも、そろっていた方がきれいだからという理由を聞いて、本当にそうだなと思いました。それに、きれいにそろえて返そうという心遣いがうれしいですよね。また、それを自分でも知らないうちに自然にやっていたというところも、素晴らしいと思いました。（数秒の間をとる）

（最後の伝えたいことを話すために、気分を変えて）

先生は、この郵便局員さんのちょっとした仕草から、「そろえるというのは美しいことだな」ということを改めて思いました。それは、見た目が美しいということもありますが、そろえようとする心もまた美しいのではないでしょうか。

みなさんも学校で生活をしていると、そろえた方が美しいこと、そろっていた方が美しいということがたくさんあると思います。

（脱いで、靴箱の高さに、両手でちょっとそろえる仕草をして）

靴箱の靴などもその1つですね。ぜひ、この郵便局員さんのように、ちょっとだけそろえることを実行してみてはどうでしょうか。きっと、見た目も心も美しくなっていくのではないかと思いますよ。

やってみよう！

まとまった脚本を、一通りの技術を押さえて読んでみよう。作り込みすぎないように注意！

Column 4

伝聞エピソードの集め方

自分自身の体験ではなくても、知人の体験談や偉人・有名人の逸話、体験談などをその場に応じて話せるようにしておくと、話の幅も広がります。さて、これらのたくさんのネタを、私がどのようにストックしているのかをご紹介しましょう。(出典をなるべく明らかにしてメモします。)

○書籍…エピソードが載っているページを写真に撮って、画像としてPCに保存します。後で参照する場合、この方が便利だからです。電子書籍の場合も、ページをスクリーンショットして保存します。ファイル名に本の題名を入れておくことを忘れないようにします。

○メールマガジン…フォルダーをつくって保存します。フォルダーは年月別につくります。ファイル名に簡単な内容のメモを入れておきます。

○サイト…テキストをコピーして、URLと一緒にメモ帳に貼り付けて保存します。ファイル名はメールマガジンと同じ要領です。

○テレビ・ラジオ・講演…覚えている範囲でメモをとって、メモ帳に貼って保存します。番組名や日時や場所などもメモします。紹介された書籍があれば読んでみます。

このようなお話をまとめた本がありますので、ご興味がありましたらご覧ください。

『やさしい言葉が心に響く 小学校長のための珠玉の式辞&講話集』(明治図書出版　山中伸之著)

『思春期の心に響く 中学・高等学校長のための珠玉の式辞&講話集』(明治図書出版　山中伸之著)

5章

すぐ使える！
目的別
エピソード集

5-1

あいさつする

「宅配便のお兄さんの笑顔」

この前、家にいたら、宅配便が来たんです。

玄関のドアを開けて待っていると、車のドアが開いて、中から若いお兄さんが降りてくるのが見えました。

そのお兄さんは、宅配便の制服を着て、帽子をかぶっていました。体がすごく大きくてラグビーの選手か柔道の選手かと思うほど、筋肉がついていてがっしりしていました。

「なんだか、すごく大きい人だなあ。大きな荷物も軽く持てそうだな」などと思って見ていると、お兄さんは車から大きめの段ボール箱を出して、それをもってこちらにやって来ました。

顔を見ると、何だか怒ったような表情をしています。私は

明るい声であいさつすることを促したいとき

「怖そうな顔をしているな。今日は暑いし、疲れて不機嫌になっているんだろうか」

と思いながら待っていました。

お兄さんは、私の前までやって来ると、「……ちは、……です」と、よく聞き取れない小さい声で言いました。私は、

「何を言ってるのか全然わからないよ。よほど機嫌が悪いんだな」

と思って、ちょっと驚きました。今まで、こんな言い方で荷物を運んできた宅配便の方はいなかったからです。でも、同時に、なぜか「よし、こっちは明るく振る舞って、この人を元気にしてみよう」と思ったのです。

そこで、すごく明るい声で、笑顔をつくって「いつもありがとうございます！」

と言いました。

お兄さんは相変わらず不機嫌そうな顔と声で、「ここに、サインを…」と言います。よく聞き取れないのですが、多分サインをするのだと思って、「ここにサインですね。はい、わかりました」と明るく言いました。

するとお兄さんの声が少し明るくなって、「ありがとうございます」とちゃんと

聞き取れる声になってきました。私は心の中で「おっ、いい感じだぞ。もう一息だ」と思い、さらに笑顔で、いい声で「暑いのに大変ですね。いつもありがとうございます」と言いました。

お兄さんの声はさらに明るくなって「いいえ、ありがとうございます」と弾んできました。そして、来たときとは全然違う、軽やかな足取りで車にもどっていったのです。

お兄さんが車のドアを開けた瞬間、私はさらに大きな声で

「ありがとうございました！」と声をかけました。

すると、お兄さんは車に乗り込む前にこちらを向いて、とってもいい笑顔で「ありがとうございました」と大きな声であいさつをしてくれたのです。

最初、すごく不機嫌そうだった宅配便のお兄さんでしたが、私が明るい声で話しているうちに、だんだんと心が軽くなっていったようでした。

このように、明るい声、明るい言葉には相手の人の気持ちを明るくする効果があるのだと思います。

みなさんが毎日しているあいさつも、なるべく明るく軽やかな声でするようにすると、相手の人の気持ちを明るく軽くすることができるのではないでしょうか。

明日から、あいさつをするときにはこのエピソードを思い出して、明るく軽やかな声であいさつができるといいですね。

5-2

ルールを守る

「交差点での自転車の少年」

きまりを守ること
はすばらしいと
伝えたいとき

あるとき、交差点で信号が青になるのを待っていました。

すると、私の横に、もう1人の人が歩いてきて、一緒に信号を待つことになりました。その人は40歳くらいの男の人で、私よりも背が高くて赤いジャンパーを着ていました。手には小さなバッグを抱えていて、腕時計を見たりしてちょっと急いでいるような感じでした。

その交差点は、自動車がたくさん走っている広い道路と、車2台がすれ違えるくらいのあまり広くない道路が交差していました。私と、40歳くらいの男の人が横断しようとして待っていたのは、狭い方の道でした。

少し待っていると、道路の向こう側に、小学校の高学年くらいの男の子が、自転車に乗ってやってきました。きちんとヘルメットをかぶって、青色のジャージを着ています。信号が赤なので、自転車を止めて、左足を道路について止まりました。右足はペダルにかけたままです。とても姿勢がよくて、自転車のサドルに座ったまま背中をピンと伸ばして前をじっと見たまま動きませんでした。

私は自転車の少年を見て

「すごく姿勢がいい子だなあ」と思っていました。

目の前の狭い道路を通る車は少なくて、1台通ったかと思うと、その後はしばらくの間何も通りませんでした。私と、40歳くらいの男の人と、道路の向こう側の自転車の少年の3人は、車の通らない道路を挟んで信号が青になるのを待っていたのです。

するとそのとき、40歳くらいの男の人が道路を渡り始めました。私は「あれ？」と思って、信号を見ました。信号が青になったのを見逃していたのかと思って確かめたのです。でも、信号はやっぱり赤のままでした。男の人は左右を確認しながら、早足で赤信号の横断歩道を渡っていきます。

私は「あ〜あ、信号が赤なのに渡っちゃったよ。よほど急いでいるのかなあ。確かに、自動車は通っていないし、渡りたくなる気持ちもわかるよなあ」と思いながら、男の人の背中を見ていました。

そのときふと、私はあることを考えました。それは、「もしかしたら、向こう側に止まっていた自転車の少年も、男の人が赤信号を無視して渡ったのを見て、自分も渡ってしまおうと考えるのではないか」ということでした。

実際に、皆さんも、目の前で大人がやっているのを見れば、たとえそれがルール違反でも、やってもいいのではないかと考えてしまうことがあるでしょう。でも、私は、自転車の少年がルールを破って赤信号で渡る姿を見たくなかったのです。

それで、祈るような気持ちで自転車の少年に目を向けました。

するとどうでしょう。少年は、さきほどその場所にやってきて自転車を止めた姿のままで、全く動かずに前を向いていました。赤信号を無視して渡っていった男の人のことなど、ちらっとも見ませんでした。しっかりと左足を道路につけ、背中をピンと伸ばして、ただ目の前だけをじっと見ているのです。

私はその姿を見て、感動しました。

「ルールを無視する大人など、自分には関係ない。自分はきちんとルールを守るんだ」という心の声が聞こえてくるようでした。

自転車に乗って前を向いている少年の姿は、とても美しく見えました。

私はそのとき思いました。少年の姿から教えられたのです。それは、「ルールを守っている姿は美しい」ということです。それは、見ている人を感動させることさえあるということです。

みなさんも、ルールは守った方がよいと思っていても、つい破ってしまいたくなることがあるかもしれません。そんなときは、ルールを守っている自分の姿を、頭の中に思い描いてみてください。その姿はきっと美しいはずです。そして、ルールを守っているみなさんを見ている人たちを感動させているかもしれません。

ルールを守る人でありたいですね。

5-3

見直しをする

「駐車場に閉じ込められた話」

ふり返る際に都合よく考えないか見直させたいとき

夏休みに車で北海道を旅行していたときのことです。

ある観光地の駐車場に車を止めて、そこから歩いて観光に行きました。

駐車場を出るときに、立て札があってこう書いてありました。

「この駐車場は5時に閉まります。5時までに車を出してください」

駐車場を出たときはまだ3時頃でしたから、「2時間もあれば、ゆっくり歩いても十分に帰ってこられるだろう」と考えていました。

お目当ての観光地は、駐車場から歩いて30分くらいのところにあったからです。しかもそこまでは一本道でしたから、道に迷って時間が過ぎてしまう心配もありません。

そこで、両側の景色を見ながら、気分よく歩いていきました。途中でときどき立ち止まって眺めたりしながら、のんびりと歩いていました。

ところが、夏休みということもあって、観光に来た人がたくさんいて、道が結構混んでいます。一本道でそれほど広くもありませんので、ちょっとした石段のようなところでは、ときどき渋滞して前に進めないこともありました。

それで、目的地に着いたときには4時を過ぎてしまいました。

「これはのんびりしていると、駐車場が閉まってしまうかもしれないな」と思って、せっかく目的地に着いたのですが、あまり見学に時間をかけずに帰ることにしたのです。

帰りの道も人がたくさんいたのですが、駐車場が閉まる時間までに帰ろうと、なるべく早足で歩いて、走れそうなところでは走ったりして急ぎました。そのかいがあって、けっこう余裕で駐車場まで帰れそうな感じになったのです。

「よかった。これならたぶん間に合う。大丈夫だ」と思って、少しほっとしました。

今まで急いで歩いてきたので、周りをよく見るゆとりがありませんでしたが、少しほっとしたので、周りのようすに目をやりました。すると、不思議なことに気がついたのです。何かというと、間もなく駐車場が閉まる時刻になるというのに、相変わらず人がどんどん歩いてくるのです。急いで歩いているときには、周りに気を配るゆとりがありませんでしたので、そのことに気づかなかったのです。

時刻はもう4時30分を過ぎています。私は、「さすがに今から行ったのでは、全力で走って行って帰って来なければ、駐車場がしまっちゃうよな。いったいどういうわけなのだろう？」と思いました。そして、「駐車場が5時に閉まるというのは、普通の日なのではないだろうか。今は夏休みで観光客も多いから、きっと駐車場も遅くまで開いているに違いない。それで、この時刻だというのにどんどん人が歩いてくるのだ」と考えたのです。

そう考えた私は、少し安心してゆっくり歩いていくことにしました。走ったりして疲れていたからです。そして、5時を少し過ぎた頃、駐車場に着いたのです。ところが何と、広い駐車場には車が1台もありません。見渡す限り、私の車以外には1台の車もなかったのです。そして、駐車場は閉まっていました。

「あれ〜、誰もいない。駐車場も閉まっている。いったいどうしたんだ」と、私は驚き、どうしてよいかわからなくなってしまいました。

この失敗は、私が途中で「駐車場は夏休みは遅くまで開いているに違いない」と、自分に都合のよいように考えてしまったことから起きたことでした。

こんなふうに、私たちはときどき、はっきりとした理由がないのに、自分に都合のよいようにものごとを考えてしまうことがあります。「宿題が全部終わらなかったけれど、半分やってあれば大丈夫だろう」とか「委員会の仕事があるけれど、友達がやってくれるだろう」とかのようにです。

でも、そのように自分に都合よく考えたことが、大きな失敗につながってしまうこともあります。今、自分は、自分に都合のよい考えをしているのではないかと、自分で自分に聞いてみることが必要です。

自分に都合よく考えていないか見直すことで、失敗を減らすことができますからね。

5-4

思い込みをなくす

「駐車場の南京錠」

思い込みをなくして事実をよく見させたいとき

車で旅行していたときの駐車場でのことです。

ある観光地の駐車場に車を止めて、そこから歩いて観光地に行って見学をしてきたのですが、帰ってくるのが少し遅くなってしまい、もどったときには駐車場が閉まっていたのです。

広い駐車場に、私の車が1台だけ、ぽつんと停まっています。駐車場の出入り口にはチェーンが張られていました。近づいてみると、このチェーンは鉄でできた頑丈なものでした。リングの太さが1cm近くあって、とても重そうでした。しかも、そのチェーンは左右の頑丈な鉄の柱から1本ずつ伸びていて、その真ん中には、私の掌くらいの大きさの、金色に輝く巨大な南京錠ががっちりとぶら下がっていたのです。

南京錠というのは、飼育小屋についているような、カバンのような形をしたカギのことです。それは、「こんなでっかい南京錠、初めてみた！」と、駐車場に閉じ込められたことを忘れて驚いてしまうほど、大きな南京錠でした。

私はとにかく自分の車のところまでもどることにしました。車に近づくと、ワイパーのところに、ハガキの大きさくらいの白い紙が1枚はさんであることに気がつきました。何だろうと思ってよく見てみると、こんなことが書いてありました。

「駐車場が閉まる時刻までに出ないのはルール違反です。あなたのような人がいるので、大変迷惑をしています。これからは、このようなことがないようにしてください」

とあり、最後に会社名と電話番号が書いてありました。きまりを守らなかったことを叱られているわけですから、とても気まずい思いをしたのを覚えています。

とはいえ、この駐車場からどのように出ればよいのかはわかりません。駐車場から出る方法は書いてないのです。南京錠を開けるカギはもちろん付いていません。

「困った。どうしたらいいんだろう」

私はどうしたらよいかわからずに、もういちどチェーンが張ってある駐車場の出入り口のところまで行きました。

でも、最初に見たときと何も変わりません。太くて頑丈そうなチェーンが右と左から張ってあって、真ん中にでっかい南京錠がぶら下がっています。これはどうやっても、はずせそうもありません。

途方に暮れた私は、仕方がないので小さい紙に書いてある電話番号に電話をしてみることにしました。

「はい、○○です」

電話には50歳くらいの感じのする男の人が出ました。私は、

「あの、大変申し訳ありません。今○○の駐車場にいるのですが、ちょっともどって来るのが遅くなってしまって、車が出られないのです。どうすればいいでしょうか」

と、謝りながら言いました。

そうしたら何と、電話の男の人は、軽い調子でこう言ったのです。

「ああ、あれね。カギ、かかってませんから」

「ええ〜！」

「カギをはずして外に出たら、カギをかけておいてください」

それを聞いて、私は安心すると同時に、一気に力が抜けてしまいました。同時に、最初に南京錠をよく見なかった自分にあきれてしまいました。

電話を切ってからもういちど、チェーンをよく見てみました。確かに南京錠は付いていますが、よく見てみると、U字の部分は穴に差し込まれていなくて、少しだけ隙間が空いています。最初にちゃんと見ていれば、こんなに心配したり苦労したりすることはなかったと思うと、自分にがっかりしました。

これは、最初に南京錠を見たときに、カギはかかっているものだと思い込んでしまったことが原因です。

このように、私たちはそのものをよく見ないで、こうなっているに違いないと思い込んでしまうことがあります。いちど思い込んでしまうと、その後の判断も間違ってしまうし、間違ったことに気づくのも難しくなります。

どんなときでも、そのものをよく見て、正しい情報を手に入れることが大切ですね。みなさんも、思い混みには十分注意するよう心がけてみてください。

5-5

人を思いやる

「イスを入れた男の子」

さりげない親切、思いやりを促したいとき

前に勤めていた学校で、子どもたちが帰った後の教室での出来事です。

職員室で仕事をしていた私は、丸付けをしなければならないテストが教室に置いてあったことを思い出し、教室にそのテストを取りに行くことにしました。

教室は3階にあり、職員室からいちばん遠いところでした。1階から3階に行く階段は2か所あります。職員室に近い方の階段と、遠い方の階段です。

私は1階の廊下を歩いて、職員室から遠い方の階段まで行き、そこから3階まで上がって行きました。昼間は子どもたちの声がする校舎も、子どもたちが帰った後はしんと静まっていました。

階段を3階まで上がって、ちょっと右に行ったところに私の教室の後ろの出入り口があります。あと3、4段で3階に着くというあたりから、教室の後ろの出入り口が見え始めます。

そのときも、何とはなしに出入り口を眺めながら、廊下に出ようとしていました。すると、廊下の左の方から、誰かが走ってくるような足音が聞こえてきました。

「あれ？　こんな時間に誰だ？　忘れ物でも取りに来たのかな？」と思っていると、その足音がだんだんと近づいてきます。私は、「このまま階段を上がってしまうと、走って来ている誰かとぶつかってしまうかもしれないな」と思い、階段を上がるのをやめてその場に止まりました。

ほんの一瞬の間を置いて、目の前を男の子が駆けて行きました。

私の学級のA君でした。

A君は、あまり身長は大きくありませんが、すばしこくて、ちょこちょことよく動く子でした。明るくて活発で、あいさつの声も大きいし、授業中も何度も積極的に発表をするような子でした。

ただ、発表もよくするのですが、それと同じくらいいたずらもよくするような子で、私に注意される回数も、学級でいちばん多いのです。そのA君が走ってきたので、私は「また何かいたずらをしようとしているのかな?」と思ってしまいました。

A君は、私が階段の途中で立ち止まって見ているということに全然気づかず、タタタタッというように走って、教室の方に向かいました。相当急いでいるような感じでした。とても真剣な表情をしていました。そして、教室の後ろの出入り口から中に入って行きました。

あまりに素早かったので、声をかけることもできず、私はその場に立って、しばらくA君を見ていました。A君は一目散に自分の机のところを目指して、教室の中を移動していきました。私は、「あの慌てようは、何か大事なものを忘れて取りに来たのかな?」と思いました。

A君が移動していく途中に、イスが出しっぱなしになっている、他の子の机がありました。イスが出ていたのはその子の机だけでした。

すると、A君は自分の机の方向に顔を向けて素早く移動していたのに、その出ているイスに手を添えると、さっと押して、机の下にイスを入れたのです。一瞬の出来事でした。私は「あっ」と思いました。

それからA君は何事もなかったように自分の机に向かいました。そして、机の中からノートを取り出すと、それをもって、そのまま元来た方に走って帰って行きました。

私は階段に立ちながら、何とも言えない温かい気持ちになっていました。それは、普段はいたずらばかりして私に叱られているA君が、こんな素晴らしい心をもった子だということを知ったからでもありました。

でも、もしもこれが周りにたくさんの人がいるところで行われたとしたら、これほどの感激はしなかったでしょう。

親切や思いやりはとても大切なことですが、誰も見ていないところで誰にも知られないようにする親切や思いやりは、「陰徳」と言って特にすばらしいものなのですね。

みなさんも、誰も見ていないところでする親切や思いやりを、ときどき心がけてみてはいかがでしょうか。

5-6

工夫をする
「ハチ退治のおじさん」

家にできたハチの巣を退治してもらったときのことです。

スズメバチの巣がソフトボールくらいの大きさに育っていたのを見つけたので、危ないので早めにとってもらおうと、ハチの巣をとることを専門にしている業者さんに電話をして来てもらいました。

しばらくすると、自動車に乗って業者さんがやってきました。業者さんは60歳くらいのおじさんでした。おじさんは、乗ってきた自動車の後ろを開けました。どんなものがあるのか興味があったので覗いてみると、そこにはハチ退治の「七つ道具」のような道具がいろいろと積んでありました。

おじさんはまず、その中から「防護服」を取り出しました。これは、宇宙飛行士が来ている服のように、全身をおおってハチの攻撃から身を守る服です。おじさん

使い方を工夫する
ことの大切さを
伝えたいとき

は服の上から防護服を着て、頭からすっぽりと網をかぶりました。その上で手袋をして、靴も長靴に履き替えました。

私はそばで見ながら、「やっぱり、プロは本格的にやるんだな」と感心していると、おじさんは次に車からハシゴを取り出し、巣の下にかけました。どうするのだろう、と思って見ていると、おじさんはそのハシゴをスルスルと登って行きます。そしてあっという間にスズメバチの巣のそばまでいきました。そして何と、スズメバチの巣に近づいて、巣の様子をじっくりと観察しています。

「え〜、おじさん、大丈夫なのか？　刺されたりしないのか」と私は心配して見ていましたが、おじさんは平気な顔をしていました。

しばらく巣を観察してからハシゴを下りてくると、

「スズメバチでも気が荒いのは黄色スズメバチね。あれは今みたいにハシゴをかけて見るなんてできないよ。すぐ襲ってくるから。この巣はコガタスズメバチだね」

「コガタスズメバチは襲ってはこないんですか？」

「それほどはね」

そう言うと、おじさんは、スズメバチ退治の秘密道具を車の中から取り出しました。

「どんな必殺のスプレーがあるのだろう。専門家の使うスプレーを見せてもらおう」

私はそう思って、興味津々で待っていました。

ところが、おじさんが車の中から取りだしたのは、なんと家庭用殺虫剤です！

「え〜、殺虫剤なの！　殺虫剤ってハエと蚊を退治するんじゃないの？」

そう思って、

「殺虫剤で退治するんですか？」

「そうだよ」

「それで大丈夫なんですか？」

「大丈夫だよ。ハチの巣の中に直接吹き付けるからね」

そう言うとおじさんは完全装備をして、虫取り網のようなものと殺虫剤をもってハシゴを上っていきました。

巣と20〜30cmのところにおじさんの顔があります。おじさんはまず、巣を虫取り網で押さえつけました。そして、殺虫剤に細いノズルをつけ、そのノズルを巣に突き刺し、シュゴオオオっと一気に薬を巣の中に吹き込みます。スズメバチが数匹飛び去って行きましたが、おじさんはお構いなしに殺虫剤を吹き込んでいます。

やがて殺虫剤の吹きかけを止めると、虫取り網でスズメバチの巣をガリガリとこそぎ落としました。最後に巣があったところに、もういちど殺虫剤を盛大に噴霧して、終了です。

初めてハチの巣取りを間近で見ましたが、ホントすごかったです。

でも、驚いたのは退治する方法が殺虫剤だったということです。殺虫剤はハエや蚊を退治するものとばかり思っていました。しかし、使い方によってはスズメバチ退治にも効果があるのです。

考えてみると、こういうことは私たちの身の回りにたくさんあるのではないでしょうか。何かを使うときに、もともとの使い方をするのはもちろんですが、その使い方を工夫することで、別の役に立てることができるということです。

物を使うときにも、勉強をするときにも、使い方を工夫するということをいつも考えてみたいものですね。

失敗を励ます

「お金が振り込めなかった話」

郵便局のATMでお金を振り込もうとしたときです。

「お取り扱いができませんので、係員のいる時間に窓口においでください」というメッセージが出て、振り込めません。それで、窓口に行って局員さんに話しました。

「あの、お金を振り込もうとしたのですが、窓口に来てくださいと言われてしまうんです」と言って、一緒に出てきた紙を見せました。

局員さんはしばらくそれを眺めていましたが、

「ちょっとカードを見せていただけますか」

「はい、どうぞ」

窓口の局員さんは私のカードを読み取り機械のようなものに通してから、

「ちゃんと使えますね。失礼ですが、口座にお金は入っていますか？」

「はい。昨日入金しましたので、入っているはずですが」

「そうですか。では、もういちどATMで操作していただいてよろしいですか」

そう言うと、局員さんは席を立って、ATMに向かいました。そして、

「では、もういちど操作をお願いします」

と言います。私は、いつもと同じ操作を繰り返しました。でも何度やっても、

「お取り扱いができませんので、係員のいる時間に窓口においでください」

というメッセージが出ます。

「おかしいですね。どうしてでしょうか」

「どうしてでしょうかね」

局員さんは別の局員さんのところに行って、何やら相談をしています。やがてその2人で窓口から私を呼びます。

「山中さん」

「はい」

「もういちどカードをお借りしてもよろしいですか」

局員さんはもういちどカードを機械に通して、2人でさらに相談しています、何を相談しているのかはわかりませんでしたが、やがて、

「暗唱番号を入れていただけますか」と、暗唱番号を入れるテンキーのような機械を差し出しました。そこに私が暗証番号を入れると、別の機械からA4の大きさの紙が出てきました。

2人でその紙を見ながら何か話していたかと思うと、やがて、もう1人の方を呼びに行きました。私のカードをめぐって3人の局員さんが話し込んでいます。

しばらくすると、カチャカチャカチャカチャとキーを打つ音がして、

「あっ!!!」

という驚きの声が聞こえました。3人を見ると、顔を見合わせて笑っています。どうやら原因が分かったようです。

「山中さん。今、調べてみたら、この振込先の口座がなくなっているようです」

「え? さきほど、口座はちゃんとあるって言ってましたが……」

「でも、今調べてみたらなくなっているようです」

相手の口座がないのでは、振り込めません。あきらめて郵便局を出ました。

ところが、家に帰ったら、その口座の相手先から郵便が届いていたのです。開けてみると、何と口座が変更になったお知らせでした。

どうやら私は、いちばん悪いタイミングでお金を振り込もうとしていたようです。数日前に振り込めば、まだ口座はありました。振込を明日にすれば、この通知を受け取っていました。本当にタイミングというのは大事だなと思いました。

このようにタイミングでうまくいったりいかなかったりすることは、毎日の生活の中でよくあることです。私たちは、失敗してしまうと、自分に自信をなくしてしまったり、誰かのせいにしてしまったりすることがあります。どちらにしても、よいことはありません。

でも、今回の話のように、ただタイミングが悪かったということも意外に多いものです。失敗をしたときは、タイミングが悪かったんだなと思って、前向きに考えるようにするとよい場合もあるのではないでしょうか。

5-8

計画させる

「いかだに乗ってずぶ濡れの話」

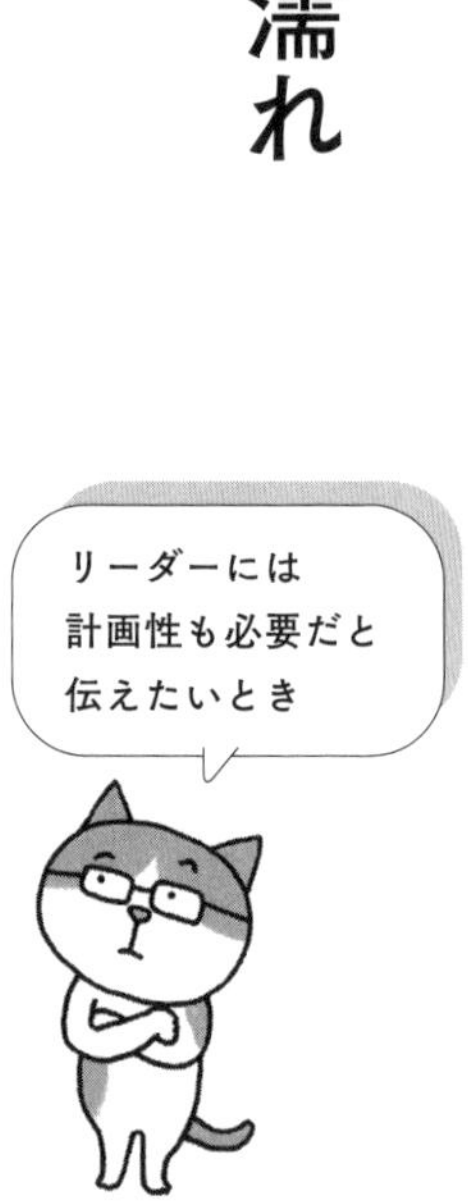
リーダーには
計画性も必要だと
伝えたいとき

工事中の広い場所で、ものすごく大きな水たまりを見つけたんです。

小学校2年生のころ、妹と近所の仲良しの男の子と3人で遊んでいたときでした。

その水たまりを見たとき、小学生の私は、

「すごい！　まるで湖みたいだ」と思ったほどでした。

その水たまりは、向こう岸まで50mくらいありました。きれいな円の形ではありませんでしたが、湖のように見えるほど大きなものでした。私はその水たまりをみて、何やらワクワクしてきました。思い切り水遊びをしてみたくなったからです。

そのとき、まだ幼稚園生だった妹と男の子が、「水に入ってみよう」と言いました。

私たちは長靴で大きな水たまりに入って行きました。

3人で水たまりの端をバチャバチャと歩いていたときです。私は、水たまりの近くにあるものが落ちているのを発見しました。それは、大きな板でした。

その板は戸板と呼ばれるもので、昔は雨戸に使われたものです。大きさは畳1枚分くらいあります。ですが、小さい私たちにとっては、とても大きな板でした。

その板を見た瞬間、私は「この板に乗って、向こう岸まで行ってみたい」と思いました。

そこで、2人に「この板を浮かべて乗ってみよう」と提案しました。2人は「うん、いいよ」とすごく楽しそうに返事をしました。

戸板は思った以上に重かったのですが、3人で何とかひきずってきて、水たまりに浮かべてみました。すると、思った通り、水に浮かびました。

「やった。本物のいかだだ。これに乗って向こうまで行ける」と思って、私はうれしくなりました。

わたしたちは、水に浮かんだ戸板のいかだを、少しずつ水たまりの中心の方に押していきました。戸板のいかだは、水の上をゆっくりと進んでいきました。

水たまりは、中心に向かっていくにつれて少しずつ深くなりました。長靴がだんだんと水の中に入っていくので、それがわかりました。あとこぶし1個分くらいで長靴が全部水の中に入るくらいの深さになって、水たまりはそれ以上は深くならないようでした。そこで、わたしは戸板のいかだに乗ってみることにしました。

「よし、乗ってみよう」

私はまず妹を乗せてみました。ちょっと沈みそうですが、何とか乗れました。次に男の子を乗せました。何とか浮いています。それで、最後に私が乗りました。するとと何と、戸板のいかだはズズズズズっと水に沈んで行きます。そして、それにつれて、周りの水がブワアアアっと戸板のいかだの上に押し寄せてきました。いかだは斜めになり、端が底についています。私たちはバランスを崩してその場にしりもちをついてしまいました。

ずぶ濡れです。幸い水たまりは浅かったので、濡れただけで済みましたが、腰から下は泥水でびしょびしょになってしまいました。

私たちはその後、びしょびしょに濡れたままで家まで歩いて帰りました。

戸板のいかだに乗ってみようと2人に言ったとき、2人は目を輝かせていました。

でも、本当に乗れるかどうか全然考えなかったために、最後は３人ともずぶ濡れになってしまったわけです。ケガをしなかったのが幸いでした。

こんなふうに、チームのリーダーはメンバーのやる気が高まるような提案をすることはとても大切なことですが、それだけではだめだということです。夢のある提案をすると同時に、どうすればそれがうまくできるのか、きちんとした計画も必要だということです。

いつかみなさんがリーダーの立場に立ったときには、夢と計画性とどちらもメンバーに示せるように心がけてみるとよいと思います。夢だけを語って、ずぶ濡れにならないようにしてください。

5-9

やる気を出す
「ローマ字先生」

楽しいことをセットにしてやる気を出させたいとき

小学4年生のときのローマ字の授業でのことです。

その頃は、4年生で初めてローマ字を習いました。私の学級では、担任の先生ではなく、教頭先生がローマ字を教えてくださいました。1週間に1時間です。

私はこのローマ字の授業が大好きでした。どうして大好きだったのか、その理由をこれから話します。

教頭先生は50歳くらいの男の先生でした。けっこうがっちりした体をしていて、髪の毛は短くて白髪が交じっていました。顔はちょっと見ると怖そうな顔でしたが、実際は少しも怖くありません。話す声が少ししわがれていて、近所によくいるおじさんのような感じでした。

初めて教頭先生が教室に来たときに、私は「へえー、この人が教頭先生か」と思いました。その頃は、担任の先生の他には、朝会で校長先生のお話を聞くくらいで、教頭先生や他の先生とは、ほとんど会ったこともなかったからです。

授業が始まると、教頭先生は簡単に自己紹介をしてくれました。そして、自己紹介が終わるとすぐに学習を始めました。

と言っても、特別な授業をするわけではありません。教科書に書いてあるローマ字を読んで、書く練習をして、また読んでという感じでした。

ところが、授業が終わる時刻までまだ10分以上はあるというのに、教頭先生が、

「じゃあ、きょうの勉強はこれで終わりだ。みんな、教科書とノートをしまってこちらを見なさい」と言うのです。

私たちは少し驚きました。ざわざわとし始めました。まだ、授業が終わらないのに教科書をしまえというのです。みんな「いったい何が始まるのかな？」という顔で、ちょっとわくわくしながら待っていました。

すると教頭先生が言いました。

「みんなはお話は好きかな？」

「好きでーす」と何人かの子が、声をそろえて返事をしました。

「それじゃあ、『姥捨て山』というお話を聞いたことがあるかな？」と言いました。

何人かの子が「知りません」と言い、私も「どんな話かな？」と思っていると、教頭先生が「では、今日は『姥捨て山』のお話をしてあげよう」と言って、そのお話を始めたのです。

教頭先生の声は前に話したように、少ししわがれていますが、そのしわがれ具合がお話にとってもよく合うのです。私たちは教頭先生のお話に、吸い込まれるように聞き入りました。

その日から、教頭先生はローマ字の授業に来てくれる度に、最後の10分間くらいを使って、お話を1つずつしてくれたのです。私が、ローマ字の授業が大好きだったのは、実はローマ字の勉強そのものが好きだったのではなく、ローマ字の時間に教頭先生がお話をしてくれるのが好きだったというわけです。

みなさんにも、これと似たような経験があるのではないですか？　ピアノの練習は大変だけど、先生の家で出してくれるお菓子がおいしいので練習が楽しみだとか、宿題をするのは少しめんどうくさいけど、宿題が終わるとゲームをしていいことになっているので、それでやる気がでるとか。

こんなふうに、ちょっと大変なことでも、その途中とかその後とかに楽しいことが待っているとやる気が出るものです。

みなさんも、大事なことだけれどもあまりやる気が出ないということがあると思います。そういうときには、その後に何か楽しいことを、自分で計画しておくといいかもしれませんよ。それでやる気が出て、いつか習慣になるかもしれませんからね。

5-10

親切にする
「百円ショップのレジで」

やりたい親切より
してほしい親切を
伝えたいとき

この前、百円ショップで買い物をしたのです。

授業で使いたいものがあって、それが百円ショップで売っているような気がして、学校の帰りに寄ってみました。

お目当ての物はリボンだったのですが、ちょうどよさそうなものがありました。見つけたリボンは、直径が５ｃｍくらいの筒に巻かれていて、幅が３ｍｍから２ｃｍまでいろいろありましたが、なるべく幅の広いものを選びました。色やデザインもたくさんの種類がありました。その中から赤やピンクのめだつ色のものを選びました。リボンを10個取って、レジに向かいました。

その日はあまり混んでいなくて、レジも空いていました。私の前に若い女の人が並んでいて、会計をしているところでした。

レジを担当していた店員さんが、お客さんに「レジ袋はお使いになりますか？」と聞いています。お客さんが「はい」と返事をすると、店員さんは、台の下の方からレジ袋を1枚取り出して、「3円になります」と言って、商品の入ったかごにレジ袋を入れました。

次は私の会計の番です。私は手にもっていたリボンを台の上に置きました。店員さんはリボンを1つずつ手に取って、バーコードをピッ、ピッと押しつけて値段を読み取っていきます。そして最後のリボンの値段を読み取ったところで、「会計は1080円です」と言い、続けて、「レジ袋はお使いになりますか？」と聞いてきました。さきほどのお客さんと同じです。

私は、「はい、お願いします」と答えました。

すると、店員さんは先ほどと同じように、台の下の方からレジ袋を1枚取り出して「1枚3円になります」と言いながら、リボンの入った買い物カゴに、そのレジ袋を入れたのです。

が、そのとき私は、「あっ！」と思いました。

店員さんは、レジ袋をカゴに入れる前に、一瞬、レジ袋の上の方を右手の親指と人差し指でつまんで、左右にこすり合わせたのです。そして少し間の開いた部分を左右に引っ張って5cmくらいの隙間を作ってくれたのでした。

私は、「ありがたいなあ」と感心しました。というのは、年を取ってから指先が乾燥してしまい、レジ袋がすべってなかなか開けられずにいつも苦労していたからです。

店員さんは、お年寄りがレジ袋を開けられずに苦労する姿を何度も見てきているのだと思います。それで、私の姿を見て機転を利かせ、レジ袋をちょっとだけ開けてからカゴに入れてくれたのでしょう。私の前に会計をした若い女の人のレジ袋は開けませんでしたから、私の姿を見てそうしようと思ったに違いありません。

このことで、私は二重に感心しました。1つは、レジ袋を開けてくれたこと、もう1つは私に必要な親切をしてくれたことです。レジ袋をちょっと開けることは親切なことには違いありませんが、これを若い女のお客さんにしたら、そのお客さんはちょっと嫌に思うかもしれません。

こんなふうに、思いやりや親切は、相手の人を見て、その人に必要なことができるのが、いちばんいいのです。それは、別の見方をすると、自分がやりたい親切ではなく相手がしてほしい親切をすること、ともいえますね。難しいかもしれませんが、今度親切を実行するときに、ちょっと考えてみてもらえるとうれしいです。

おわりに

私たち教員は、子どもたちにこんなことを言うでしょう。

「どんなによいことを学んでも、行動しないと自分を成長させることはできません」

そう子どもたちに言うのならば、ぜひ、本書を読み終えたとき、先送りすることなく実践に移してみてください。そして、実践に移すまでの過程や実践してみてのご自身の成長を、あらたなエピソードとして子どもたちに話してほしいと思います。

相変わらず教員の日常は忙しく、学んだり練習をしたりする時間をとるのは難しいかもしれません。しかし、もしみなさんが本書で紹介しているようなエピソードを話す方法を身に付けたならば、今後の教員生活の幅が格段に広がるでしょう。子どもたちの前で話すことが楽しくなり、学級経営にも役立つに違いありません。

エピソードを話す練習は、みなさんが初めて教壇に立って、子どもたちの前で授業をしたときに似て、はじめはぎこちなかったり、途中で止まったりするかもしれません。しかしいったんコツをつかんでしまえば、「こんな簡単なことが、どうしてできなかったのだろう」と不思議になるくらい、自然に話せるようになります。練習を重ねれば必ずそうなります。しかもその練習はまさにＯＪＴ（オンザジョブトレーニング）であり、子どもたちへの日々の指導を通してスキルをアップさせることができるのです。ぜひ、自然に話せるようになるまで、練習を続けてみてください。そうして、エピソードを話すことが自然にできるようになったならば、それらの技術をぜひ、同僚や子どもたちにも伝えて共有してみてください。同僚と共有することで、みなさん自身の技術もさらに向上します。共有体験によってエピソードのネタも増えるでしょう。また、子どもたちに伝えることで、子どもたちの表現力が高まると同時に、子どもたちの心の成長も感じることができると思います。

教員にとって「話すこと」は、教育活動の多くの場面で必要とされる技術です。その「話すこと」の技術を向上させることは、みなさん自身の自己肯定感を高め、教員としての自信も高めてくれるに違いありません。

山中伸之

●著者紹介

山中伸之（やまなか　のぶゆき）

1958年生まれ。宇都宮大学教育学部卒業後、栃木県内の小中学校に勤務。現在、東京未来大学非常勤講師。実感道徳研究会会長、日本群読教育の会常任委員。
研究分野：国語教育、素材研究法、道徳教育、学級経営、「語り」の教育等。
著書：『忙しい毎日が劇的に変わる　教師のすごいダンドリ術！』『できる教師の叱り方・ほめ方の極意』『カンタン＆盛り上がる！　運動会種目101』『国語の発問　いいのはどっち？　問いくらべ』『国語の授業　教科書の読み方・使い方がわかる　素材みっけ！』『30分でわかる！　できる教師のすごい習慣』（以上、学陽書房）、『全時間の板書で見せる『わたしたちの道徳』小学校1・2年』（学事出版※編著）、『やさしい言葉が心に響く　小学校長のための珠玉の式辞&講話集』（明治図書出版）等多数。

話し下手でも大丈夫！
教師のうまい話し方

2023年 4 月12日　初版発行

著　　者　山中伸之《やまなかのぶゆき》
発 行 者　佐久間重嘉
発 行 所　学陽書房

〒102-0072　東京都千代田区飯田橋1-9-3
営業部　TEL03-3261-1111　FAX03-5211-3300
編集部　TEL03-3261-1112
http://www.gakuyo.co.jp/

イラスト／坂木浩子
ブックデザイン／スタジオダンク
DTP制作・印刷／加藤文明社
製本／東京美術紙工

　ISBN978-4-313-65482-2 C0037